はじめての
やせ筋トレ

とがわ愛
ai togawa

順天堂大学医学部教授
坂井建雄 監修

KADOKAWA

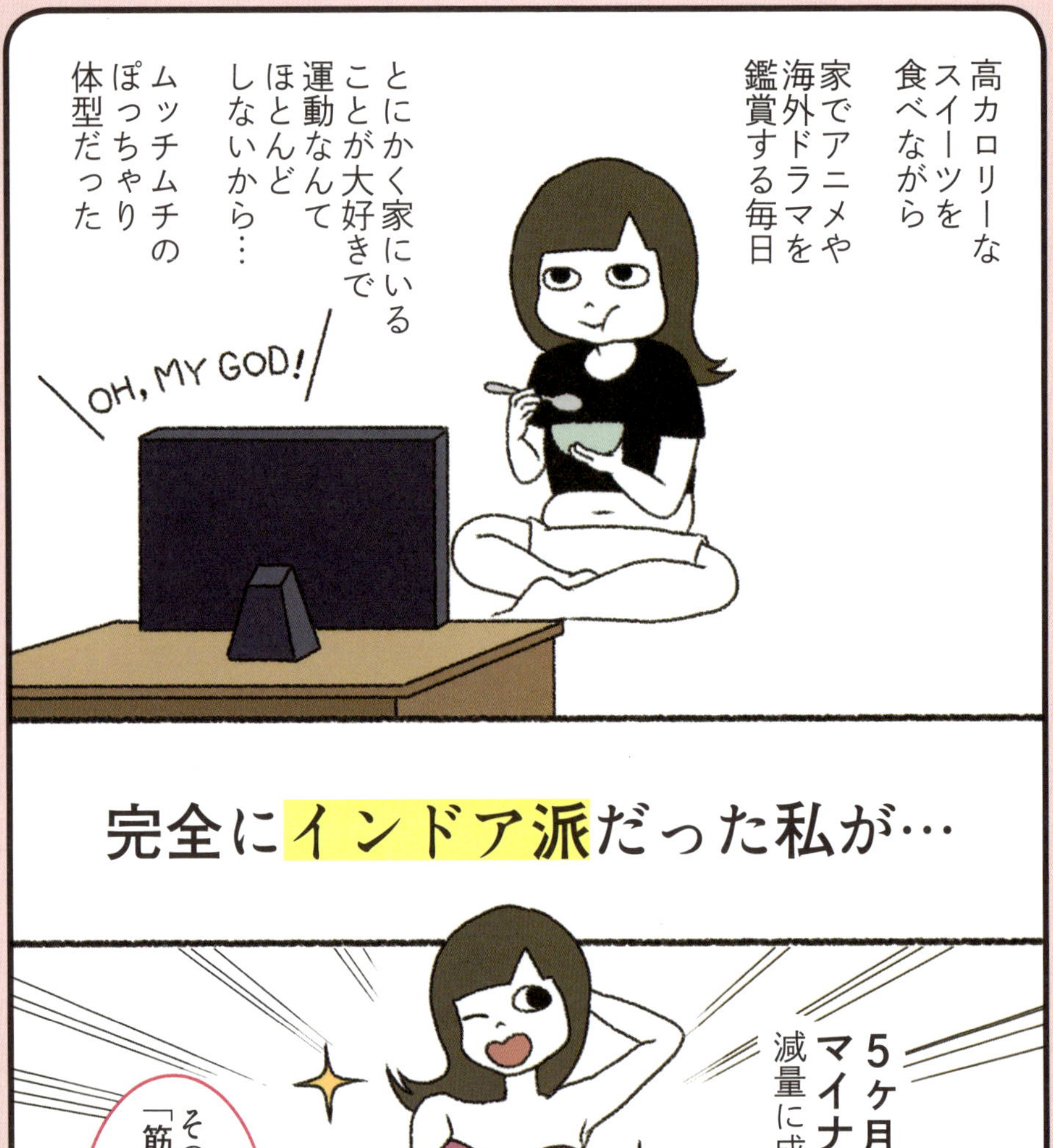
高カロリーなスイーツを食べながら家でアニメや海外ドラマを鑑賞する毎日
OH, MY GOD!
とにかく家にいることが大好きで運動なんてほとんどしないから…
ムッチムチのぽっちゃり体型だった
完全にインドア派だった私が…
5ヶ月でマイナス10kgの減量に成功!
その秘密は「筋トレ」です♡
メリハリボディー♡

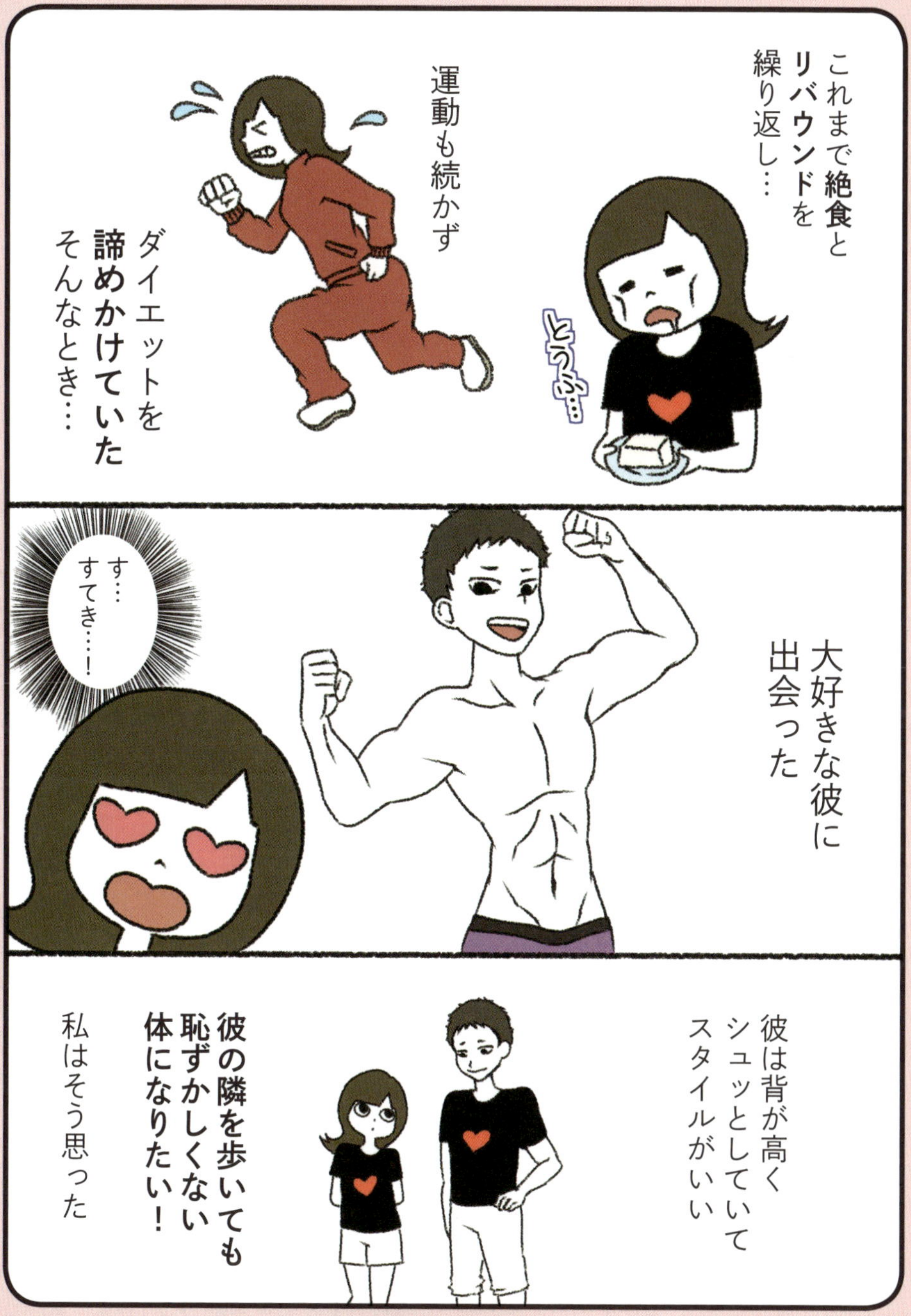
これまで絶食とリバウンドを繰り返し…
とうふ…
運動も続かず
ダイエットを諦めかけていた
そんなとき…
大好きな彼に出会った
す…
すてき…!
彼は背が高く
シュッとしていて
スタイルがいい
彼の隣を歩いても
恥ずかしくない
体になりたい!
私はそう思った

あらゆる
ダイエット本を
買いあさったり
ネットで
ダイエットに
関する情報を
探しまくった
末に
私は
筋トレに目覚めた
2kg
2kg
筋トレの魅力①
家でもできる
外に出なくて
いいから
インドアな私でも
続けられる！
筋トレの魅力②
時間がなくてもできる
10分もあれば
3種目できる！

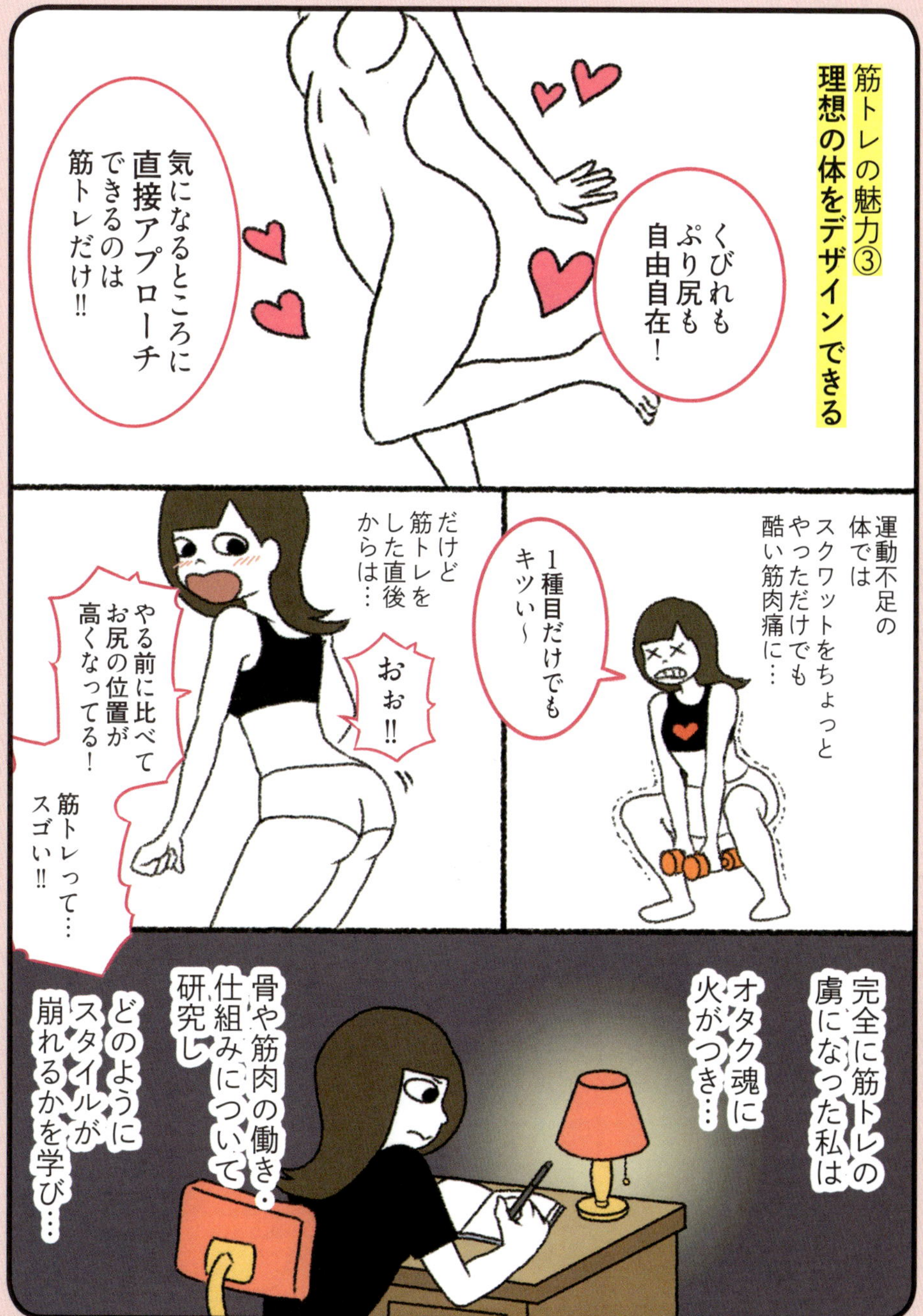
筋トレの魅力③
理想の体をデザインできる
くびれも ぷり尻も 自由自在!
気になるところに 直接アプローチ できるのは 筋トレだけ!!
運動不足の 体では スクワットをちょっと やっただけでも 酷い筋肉痛に…
1種目だけでも キツい〜
だけど 筋トレを した直後 からは…
おぉ!!
やる前に比べて お尻の位置が 高くなってる!
筋トレって… スゴい!!
完全に筋トレの 虜になった私は
オタク魂に 火がつき…
骨や筋肉の働き・ 仕組みについて 研究し
どのように スタイルが 崩れるかを学び…

そして達した結論が…
美ボディ作りなら私に任せて！
筋トレは
「やせ筋」が命!!
メリハリボディになりたければ鍛えるところと鍛えないところを見極めるべし！
ぷりんっ
コレが鍛えるべき「やせ筋」
コレは鍛えすぎ注意!!「ムキ筋」
バーーン

ボディメイクは毎日少しずつ進化していけるから
飽きっぽくて運動嫌いな私でも続けられる!
はじめは自重でもキツかったのに…
今では50kgを持ち上げられるようになったよ!
ウエストは10cm以上も細くなり
ズボンも全て買い換えた
おぉ~デニムがゆるゆる!
持っている知識を活かしてツイッターで筋トレの方法やダイエットに関する情報を発信していくうちに
なんとフォロワーが9万人超に…!
とがわ愛
フォローXX
フォロワー90000
筋肉は裏切らない!!
メリハリボディを作るなら全力で筋トレをオススメします☆

もくじ

やせ筋トレ 上級編

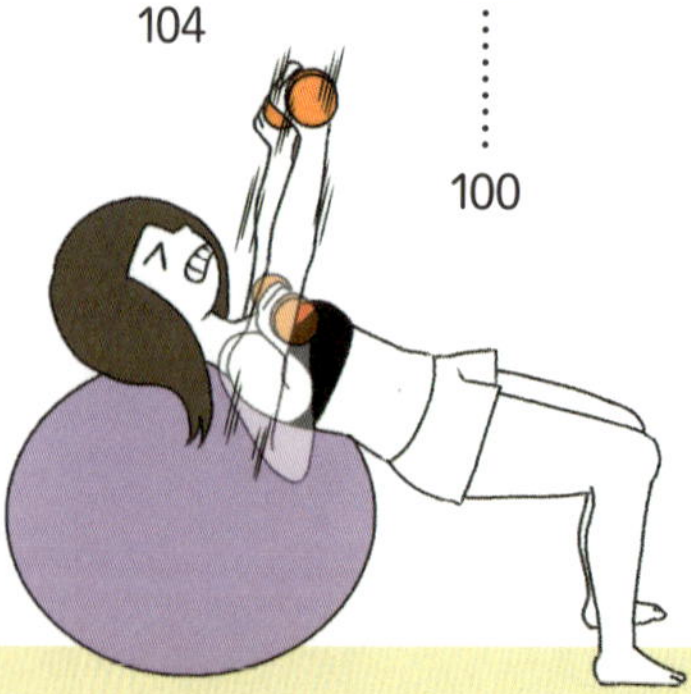

細見え！ ストレッチ

これが**やせ筋**だよ！

まずは「お尻」と「背中」を鍛えれば間違いない！

どこか２ヶ所だけ鍛えるなら、お尻と背中を！
どちらも筋肉量がとても多いパーツなので、
鍛えると代謝が上がって、やせやすい体になります。
面積も大きくて、ほかの筋肉にも関与しているから、
ここを鍛えると同時にほかのパーツも鍛えられて、一石二鳥♡

背中（広背筋）

私が鍛えるようになったきっかけは、**「どうすれば、くびれを作れるの？」**という探究心。広背筋と、お腹にある腹斜筋は連動しているので背中を鍛え始めたらどんどんくびれていきました。もちろん**背中のハミ肉**にも効く！

お尻（殿筋）

重力に負けないプリッとしたお尻になれます。しかもお尻が上がれば、脚の付け根の位置も上がるので、**脚が長く見える**！

裏もも（ハムストリングス）

血行がよくなって**セルライト知らず、たるみのない**美脚に。

短期間で効果が出やすいのは「お腹」!

すぐに効果が出るから**やる気が出やすい**のがお腹。
特にくびれに大切なのは、**腹横筋**です。
コルセットのようにお腹を支えている筋肉なので、弱いとぽっこりお腹に。
体を支える大きな筋肉なので、
しっかり鍛えると**代謝アップ**にも効果的!

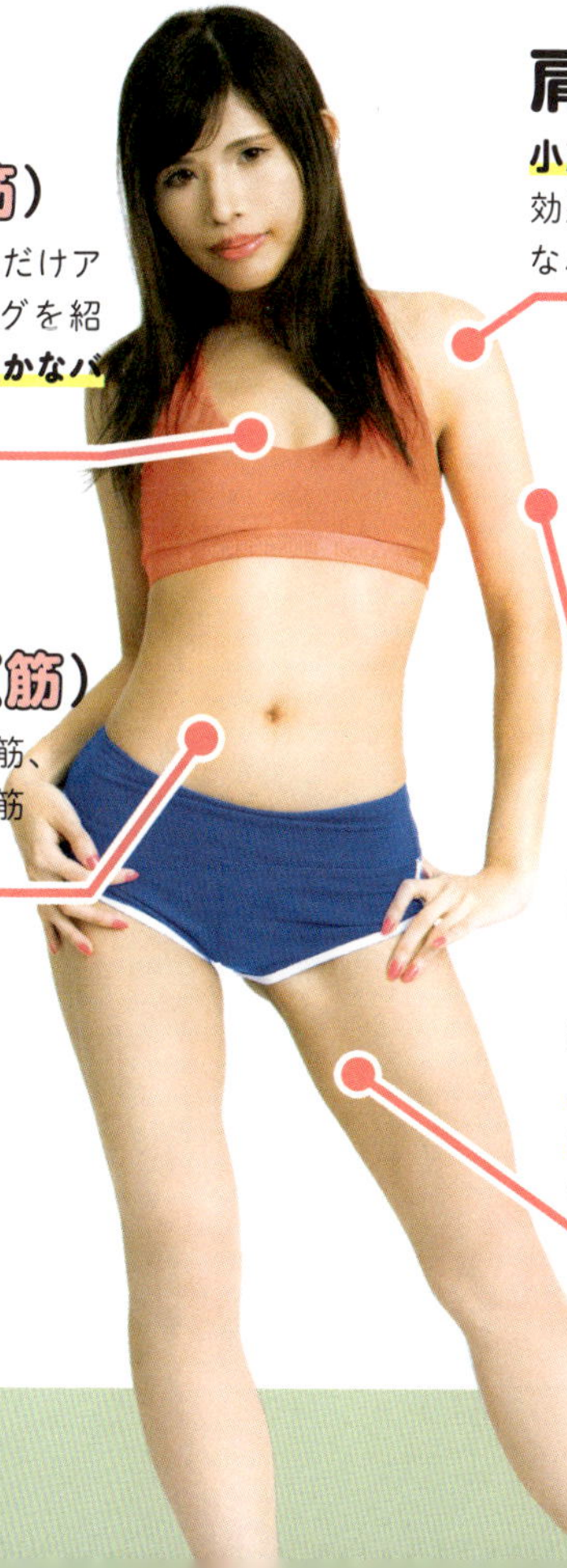

バスト(大胸筋)

本書では、大胸筋上部にだけアプローチするトレーニングを紹介。**ふっくらデコルテで豊かなバストに見えます**♡

お腹(腹横筋・腹直筋)

くびれがほしいなら腹横筋、腹を割りたいなら腹直筋を鍛えよう。

肩(三角筋)

小顔効果、くびれ効果。細見え効果が高い、ちょっとマニアックなパーツ。

二の腕(上腕三頭筋)

振袖肉のないスッキリ二の腕を作る筋肉!

内もも(内転筋)

私はもともとO脚。そんな**バランスの悪い脚を整えるには内ももの筋トレ**! 太ももの広がりを引き寄せて、O脚改善に。

鍛えすぎるとゴツくなる ムキ筋には要注意

ぼこっと張りだした太ももになる「大腿四頭筋」

階段を上がったり自転車をこいだり…と普段の生活で何かと使われがちな筋肉。鍛えすぎると前ももが突きでて、太くてたくましい脚に！

NG!

＼鍛えてしまうので避けたい種目／

「フルスクワット」や
「シシースクワット」

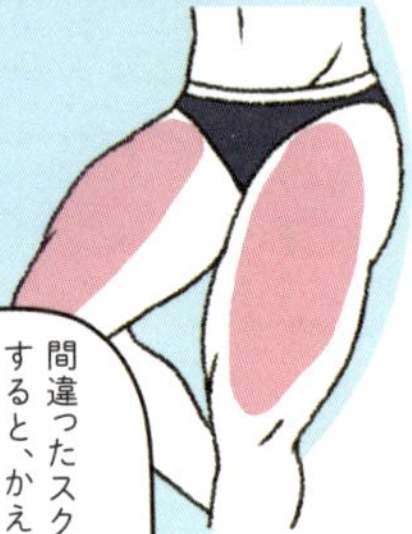

間違ったスクワットをすると、かえってムキムキになるんだよね

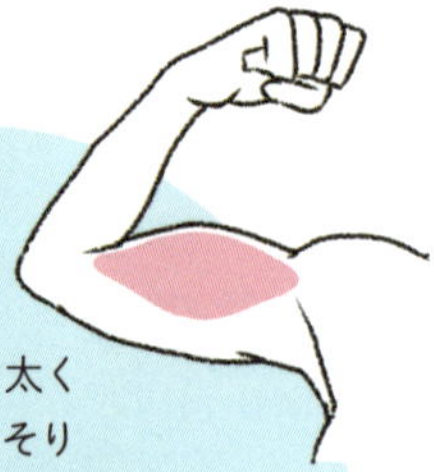

たくましい力こぶを作る「上腕二頭筋」

日常の動作だけでも簡単に太くなってしまうのがここ。「ほっそり見せたい」女性が、わざわざ鍛える必要はなし。

NG!

＼鍛えてしまうので避けたい種目／

「ダンベルカール」や
「コンセントレーションカール」

もともとたるみにくいパーツだから、鍛えなくても大丈夫

ふくらはぎを細くするなら、姿勢を見直したりお尻を鍛えるほうが効果大！

ししゃも脚になる「カーフ」

ふくらはぎのほとんどが筋肉でできているので、鍛えれば鍛えるほど、ししゃも脚に…。細くしたいからとガンガン鍛えるのは実は間違い。

NG!

＼鍛えてしまうので避けたい種目／

「カーフレイズ」や
「フロッグジャンプ」

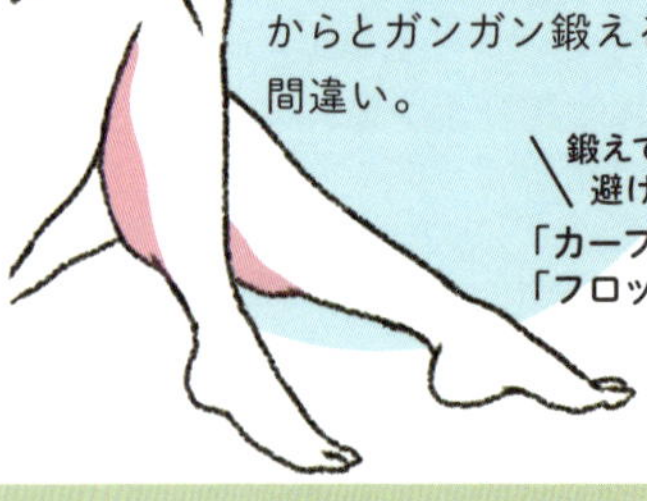

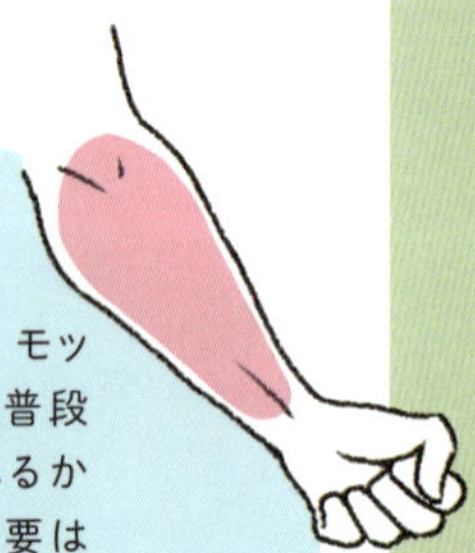

がっしりした腕に見える「前腕屈筋群」

重いフライパンを持ったり、モップを握っての床磨きなど、普段の動作で十分に鍛えられるから、わざわざ筋トレする必要はありません。鍛えてしまうと腕ががっしり見えて、華奢さがゼロに。

NG!

＼鍛えてしまうので避けたい種目／

「リストカール」や
「ラジアルフレクション」

見落としがちだけど、ここはほっそりしてるほうが素敵！

はじめてでも楽しく効かせるコツ！

まずはこれだけ意識してみよう。
だんだん体を動かすのが快感になるよ！

1 まずは1回！を目指そう

間違ったポーズで何回やっても、効果なし。回数を稼ぐよりも、**正しいポーズでまずは1回**、できるようになろう。正しくできると、「あ、ここに効いてる！」って筋肉の感覚でわかるもの。その感覚をつかもう！

本書では「効いてる」ところをイラストでわかりやすく示しています

2 インターバルは1分！

インターバルとは、セットの合間の休憩時間のこと。**目安は1～3分**。疲れていなければもっと短くしてもいいですが、長すぎると筋肉はお休みモードになって、筋トレ効果が半減します。

疲れていなければ短くしてもOK

3 続けて30回より、15回×2セット

無理に回数をこなすとフォームが崩れるので×。ちゃんと、インターバル（休憩）をはさもう。本書でも回数とセット数の目安を入れています。できなければ回数を減らしてもOKですが、**1セットだけだと、大して筋肉がつきません**！　最低でも2セット以上行って。

疲れてしまうとフォームが崩れる！

4 同じ部位を2種目やると効果が早い！

筋トレは同じ部位を毎日やるより、もうできない！　というギリギリまで鍛えて、その後筋肉が回復するまで2、3日お休みするほうが効果的。特にお尻、背中、お腹は、2種目くらい一気にやるのがおすすめです。

※そのほかの注意点はP122からの「素朴な疑問集」を見てね。

おうち筋トレ アイテム&ギア

ダンベル

2kg
2kg

おうち筋トレにダンベルは必須！　初心者さんなら、まず2kgを2個用意するのがオススメ。いきなり高重量のものにトライすると、フォームが崩れたり、筋肉が大きくなりすぎたりします。両手に1個ずつ持つトレーニングも多いので、必ず2個買いましょう。

ヨガマット

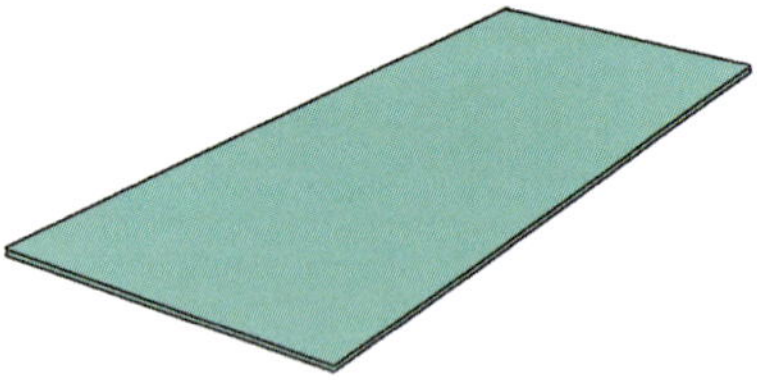

床にヨガマットを敷くと、適度な硬さ・やわらかさの上でトレーニングできて、体への負担が軽くなります。

バランスボール

バランスボールは高さを出して、筋肉への負荷を上げるのに最適なアイテム。なお、バランスボールの選び方や収納方法について、P65で紹介しています！

ほかには
オシャレなウェアも
モチベーションが
上がるから
オススメだよ！

基本のやせ筋トレ

やせ筋を狙い打ちして、ムキ筋は鍛えないトレーニング。気になるパーツにどんどんトライしよう。

やせ筋1

内転筋《ないてんきん》

まずは1回、やってみて！
内転筋が目覚めると
世界が変わるよ!!

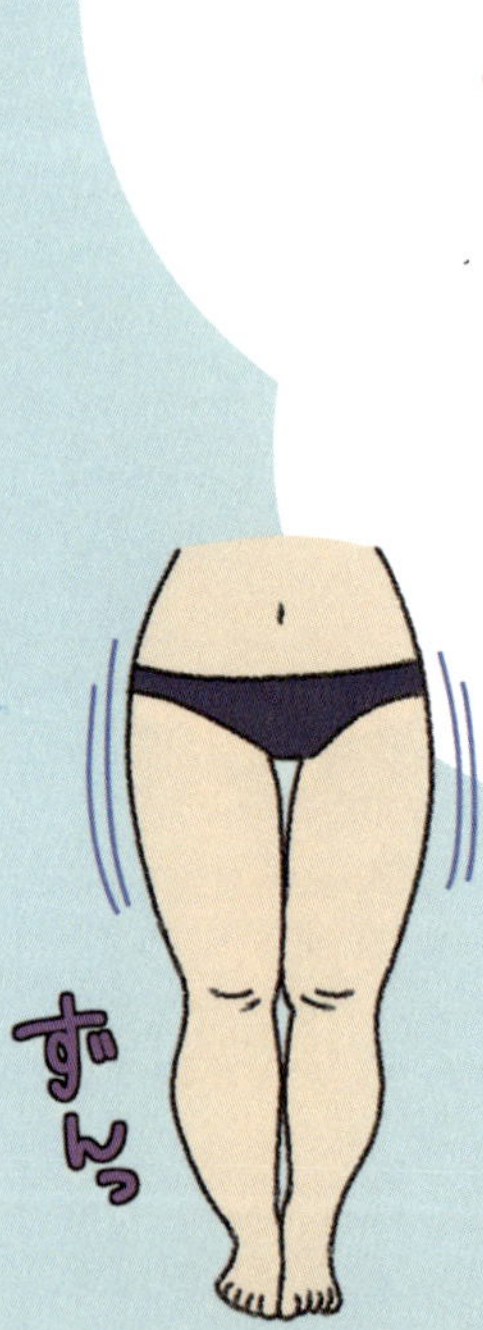

こんな脚とは
もうサヨナラ！

内転筋

スラッとまっすぐな脚を作るために欠かせない筋肉！　だけど普段の生活ではあまり使わないので、鍛えにくい筋肉でもあります（泣）。
強化すると、広がりがちな太ももが正しい位置に戻り、ゆるんでいた脚がきゅっと締まって、下半身全体の細見えに♡
逆にココがうまく使えないと、ももの外側にある外側広筋ばかり使ってしまって、どんどん脚が外側に太くたくましくなることに！

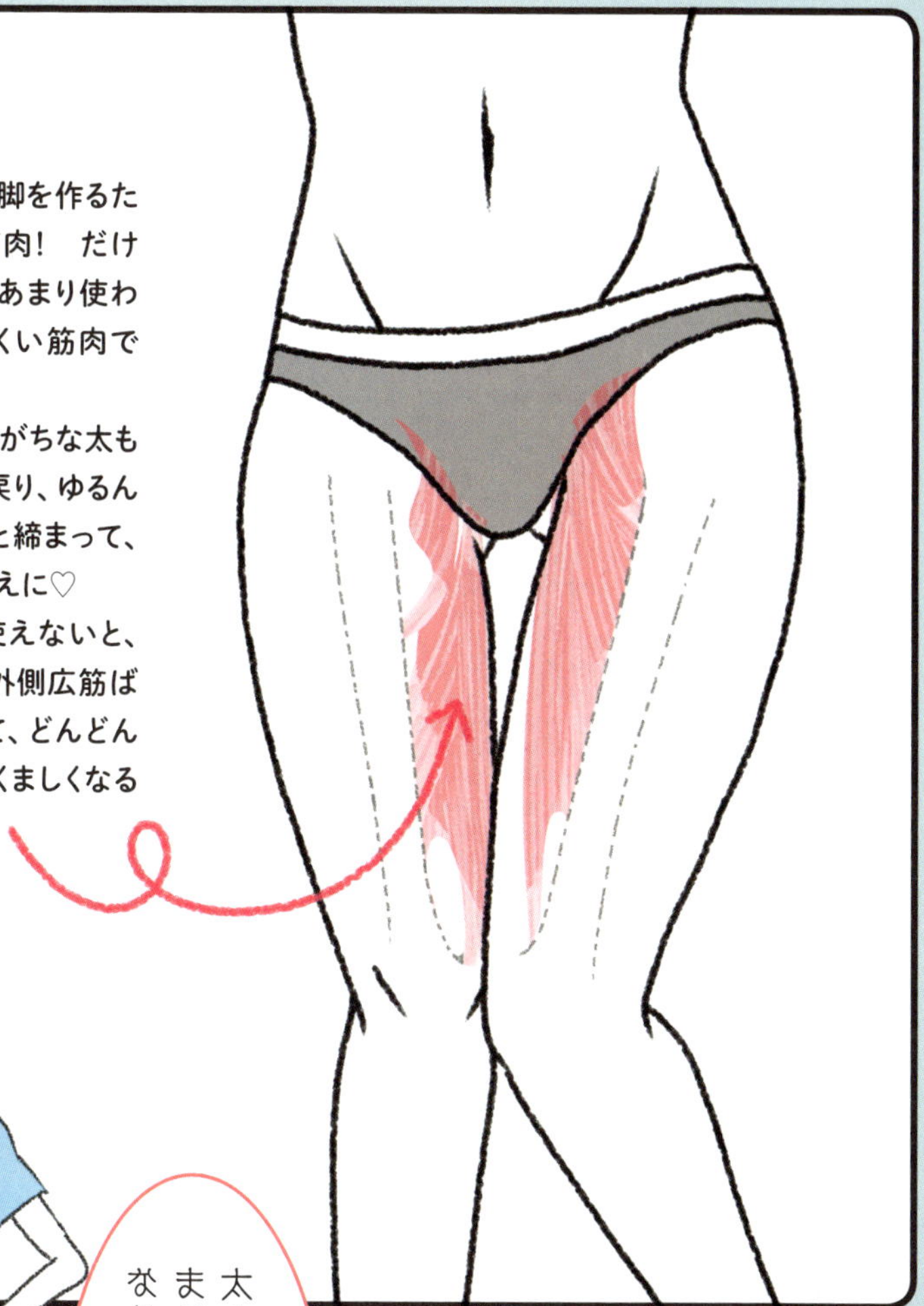

※内転筋は「恥骨筋（ちこつきん）」「大内転筋」「長内転筋」「短内転筋」「薄筋（はっきん）」といった、太ももの内側にある筋肉群の総称。

太ももも中央に寄るから
まっすぐで細い脚に
なれるよ！

こんな人は鍛えてね

- 外ももが張っている
- 太もものお肉がたぷたぷ
- 内ももに隙間がない
- 太ももが広がっている

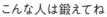

ワイドスクワット

美脚になれる筋トレ界の絶対的エース！

〔目標回数〕
15回
×
3set

〔インターバル〕
2分

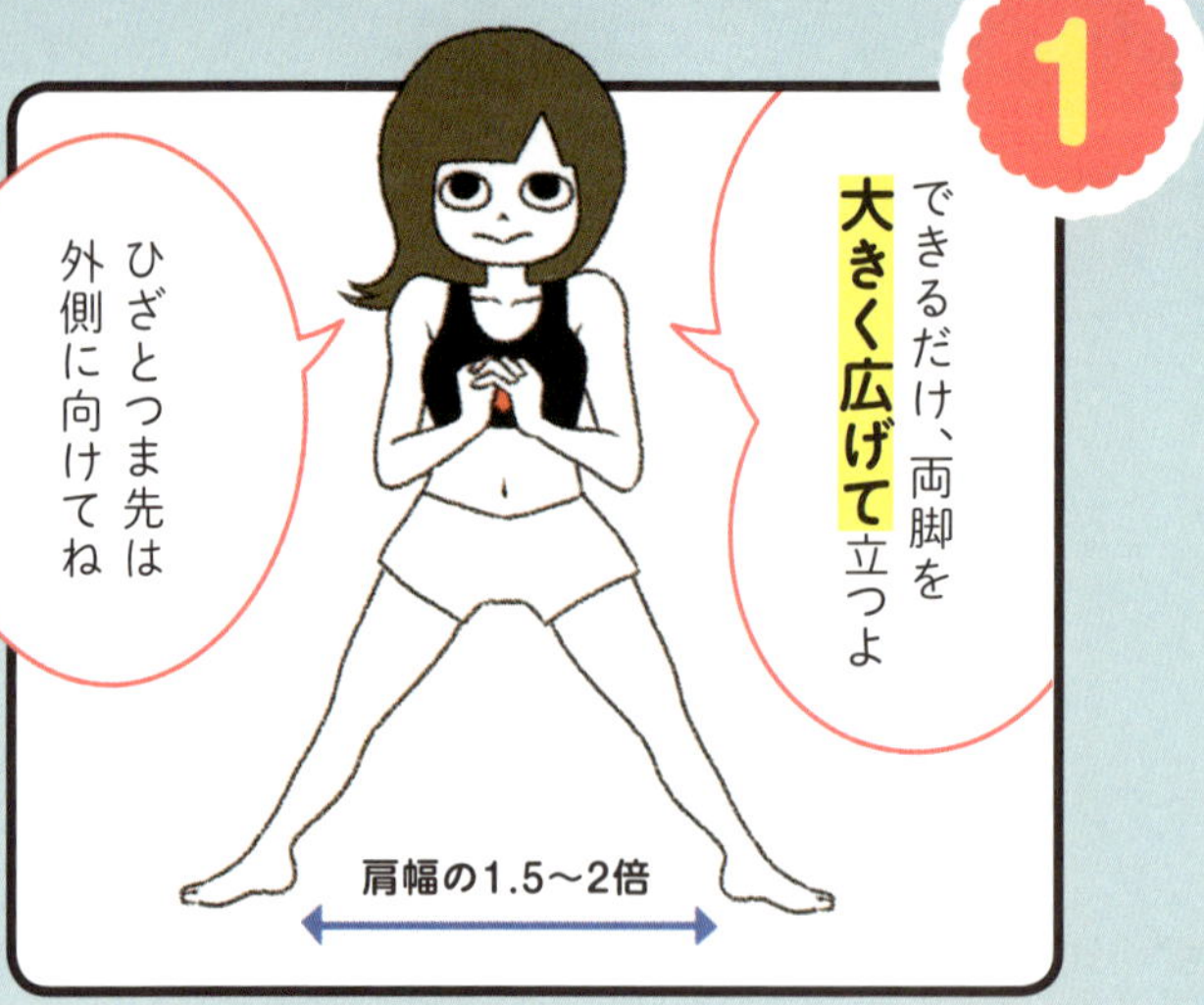

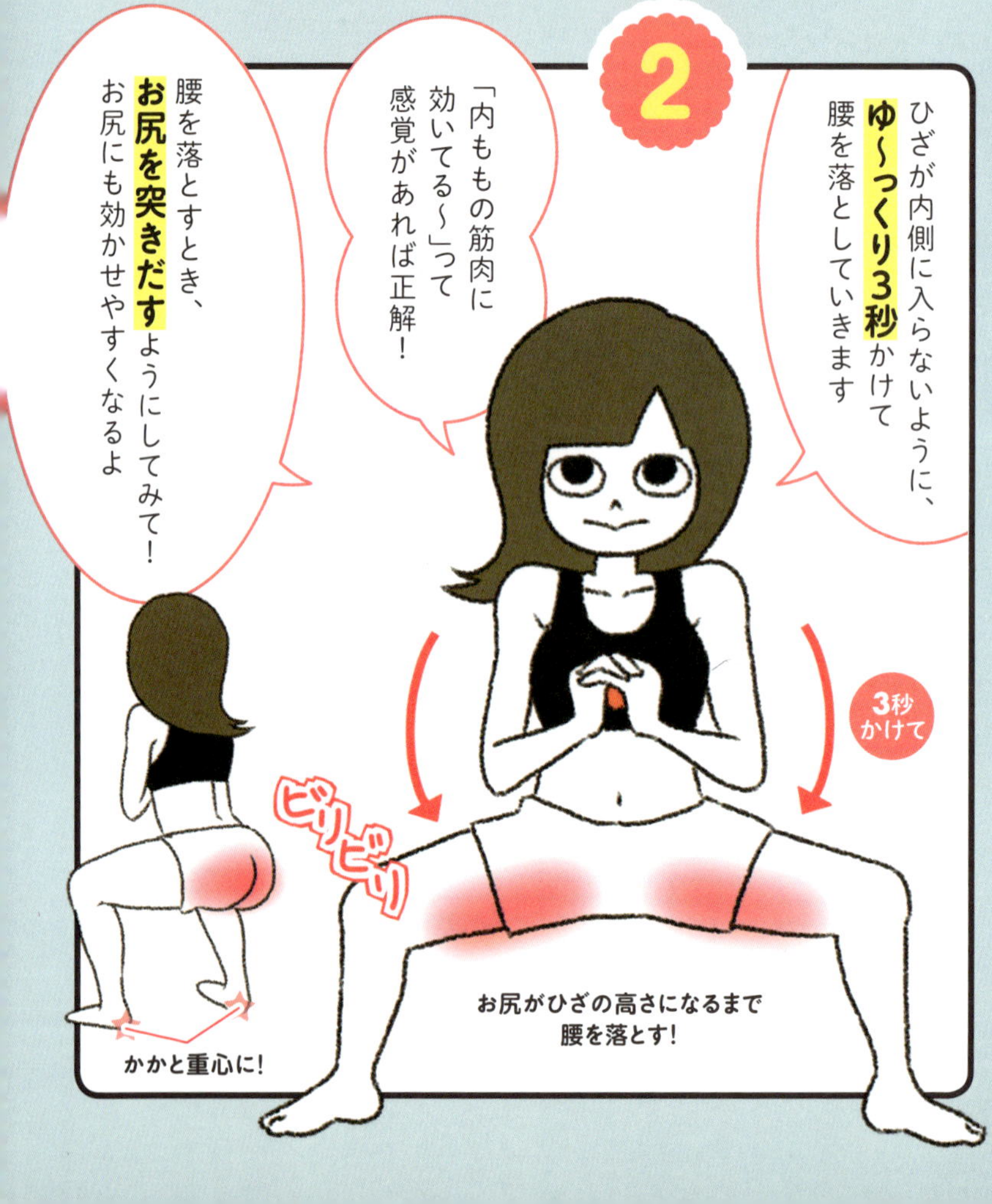

ココに効く！

内転筋
（内もも）

大殿筋
（お尻）

❶〜❸を15回、
インターバルを1〜2分はさんで
3セット繰り返します

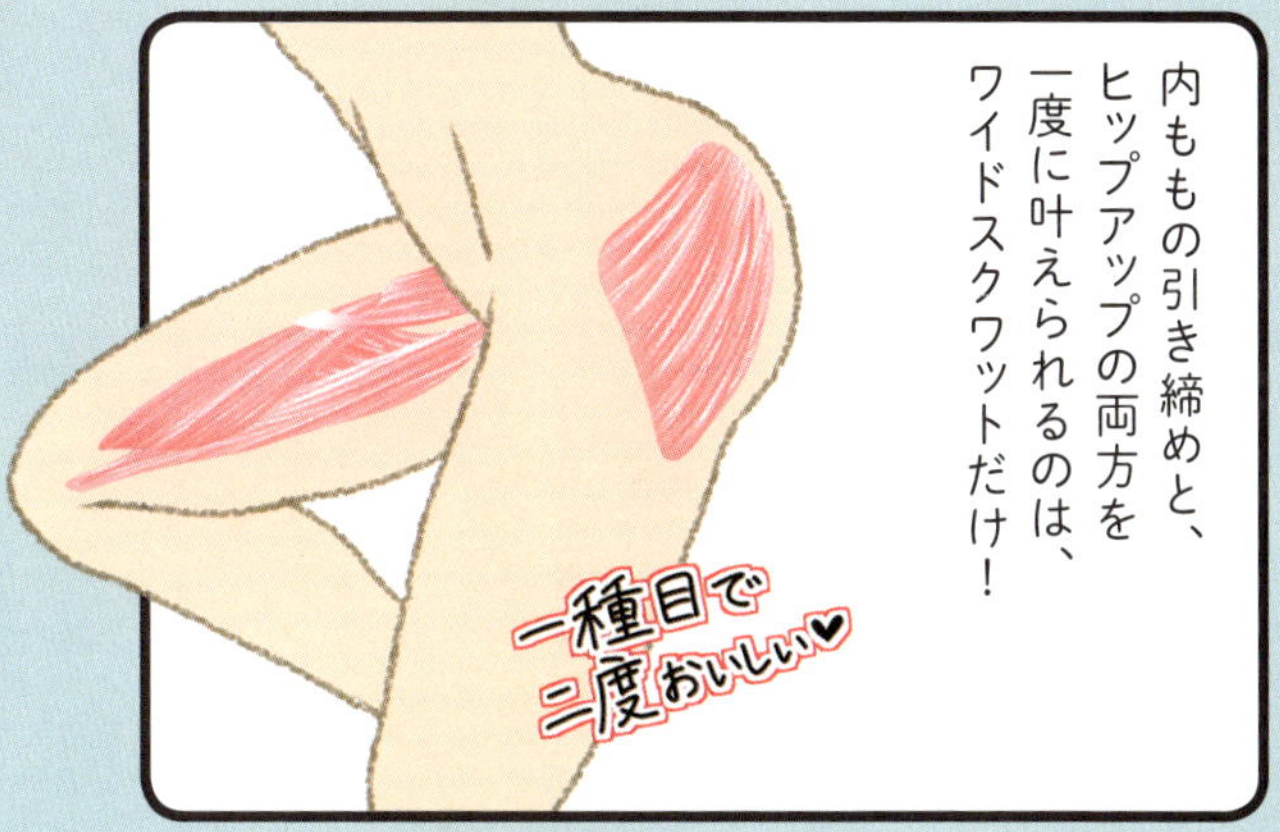

ポイントはひざの向きと、かかとに重心をかけてお尻を突きだすこと。そうしないと内転筋に効かせられずに、外もも、前ももばかりが鍛えられ、がっしりした下半身に。

そして「丁寧にゆ〜っくり！」。以前、「200回もやったのに効かない」と相談されたことがあるのですが、スピードが速すぎたせいで、内転筋に負荷がうまく入っていなかったようです。

まず1回でもいいので、「内ももに効いてる！」と実感できる、正しい動きをつかむこと。狙った筋肉にピンポイントで効かせることを意識して。

Wide Squat

Q&A
もっと効かせるコツ

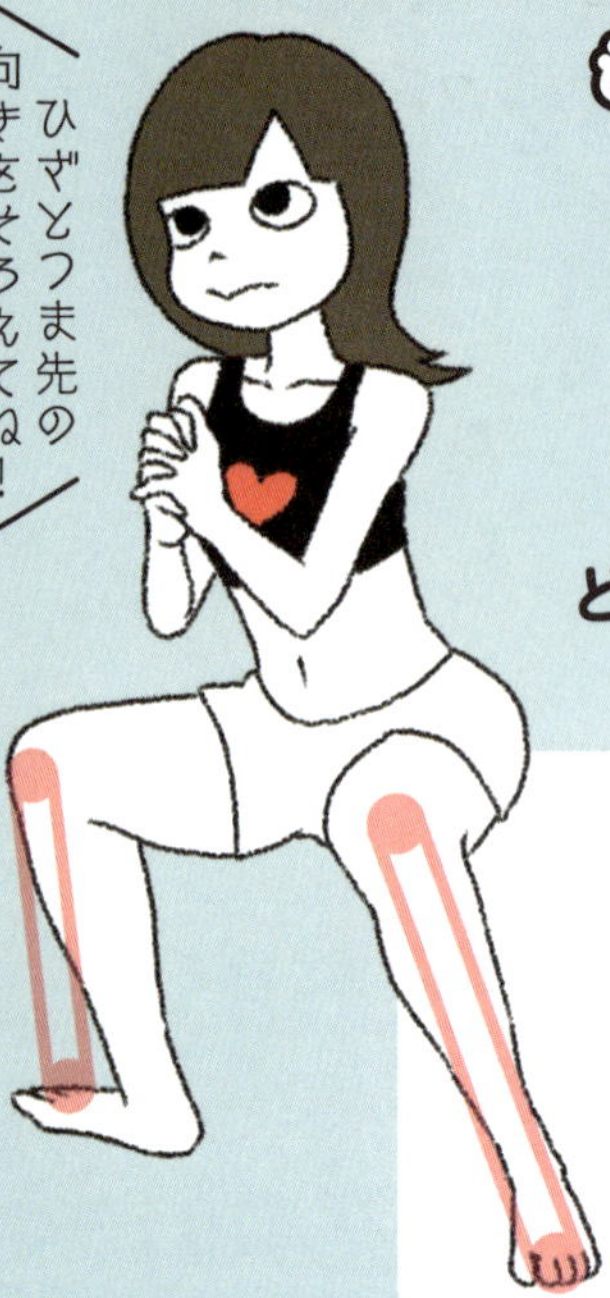

ひざとつま先の向きをそろえてね!

Q

体が硬いせいで、どうしてもひざが内側に入っちゃう…

前ももがムキムキになっちゃうよ!

ひざが内側に入ってしまうと、女子が鍛えたくない大腿四頭筋（前もも・外もも）にばかり効いてしまいます。どうしても内側に入ってしまう場合は、**筋トレ前にP118のストレッチをして、内ももの筋肉の柔軟性を高めよう。**

Q

お尻に効いている感じがしない…私のやり方、間違ってる?

ゆっくり丁寧に行うべし!

「お尻」と「かかと」は連動してます!

かかととお尻は連動しているので、かかと重心を意識してみて。
お尻の筋肉に効かせるコツは次の3つ!

- **背中を丸めないこと**
- **お尻をプリッと突きだすこと**
- **重心をかかとに置くこと**

ダメ、絶対!! やりがちNGポイント

深くしゃがみすぎている

腰を深く落としすぎると、**前ももに余計な負荷が入ります。**お尻はひざと同じ高さまで下ろすようにして。

つま先に重心がかかっている

つま先寄りに重心をかけると、**ふくらはぎに負荷が入って、お尻に効きません。**指が浮いてしまってもいいので、かかと重心を意識して。

重りを持った腕は力を入れず、だら～んと垂らしたままでＯＫ！

慣れてきたら

ウェイトをプラス！

ワイドスクワットに慣れてきたら、ダンベルなどの重りを持って負荷をアップ！　まずは片手２kgのダンベルを持つところから、チャレンジしてみよう。

Wide Squat

ワイドスクワット直後の「追い込みトレーニング」で効果アップ！ **シメトレ!!**

内ももを追い込む
クロスレッグアダクション

〔目標回数〕片脚**20**回ずつ×**3**set　〔インターバル〕**30**秒

1

横向きに寝そべって、下の脚はまっすぐ伸ばし、
上の脚はひざを立てて、
下の脚の前に足をつきます

2

下の脚を、上げられるところまで上げて、
1秒キープします

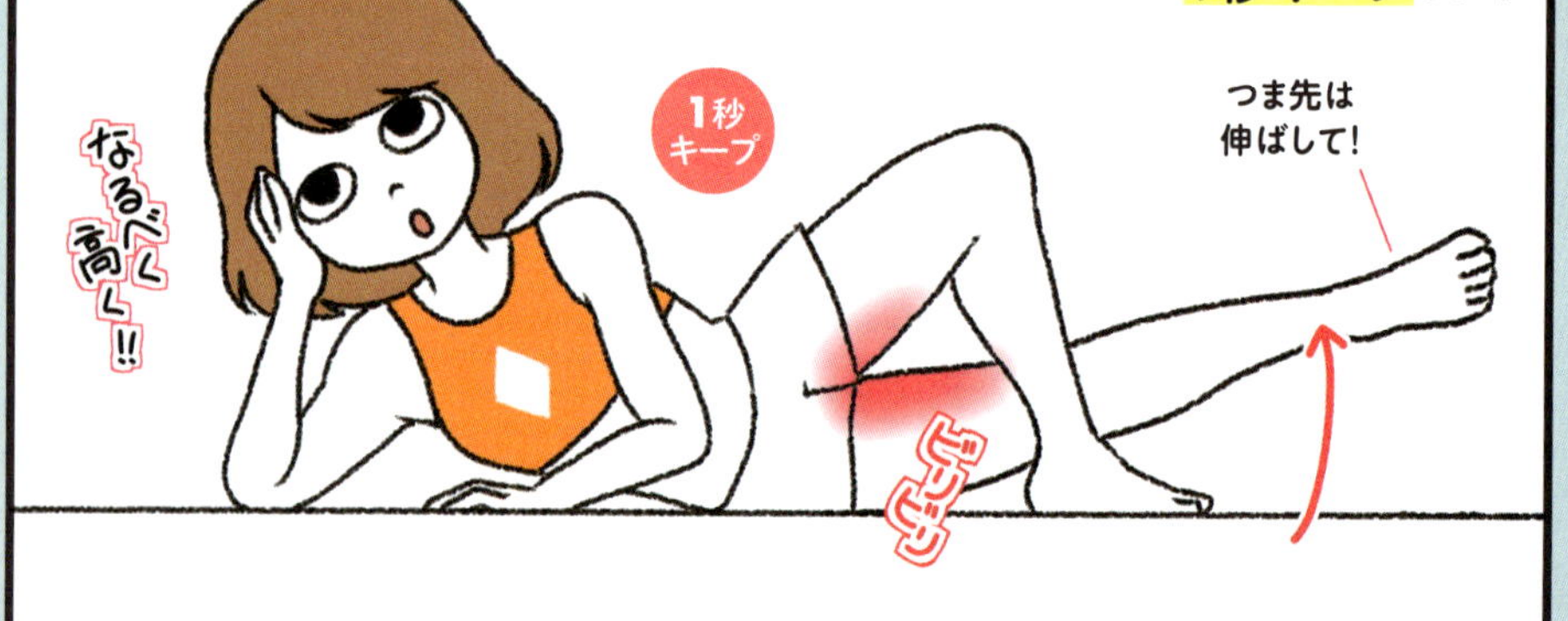

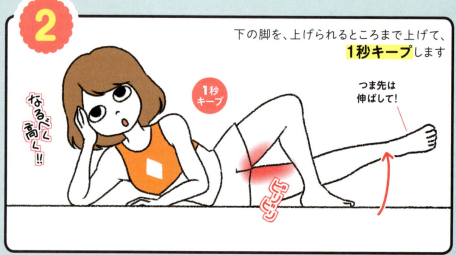

Cross Leg Addaction

「シメトレ」って何？

シメトレとは「締めのトレーニング」のこと。特に女性に強化してほしい筋肉にプラスします。シメトレは基本のトレーニングよりも負荷が軽いので、「もう基本のトレーニングは1回も無理！」というくらい疲れた後でもプラスできて、最後の追い込みになりますよ！　限界まで筋肉を追い込むことで筋肉が育ちやすくなります。

3

上げた脚を、**床に触れないギリギリのところまで**ゆっくり下ろします

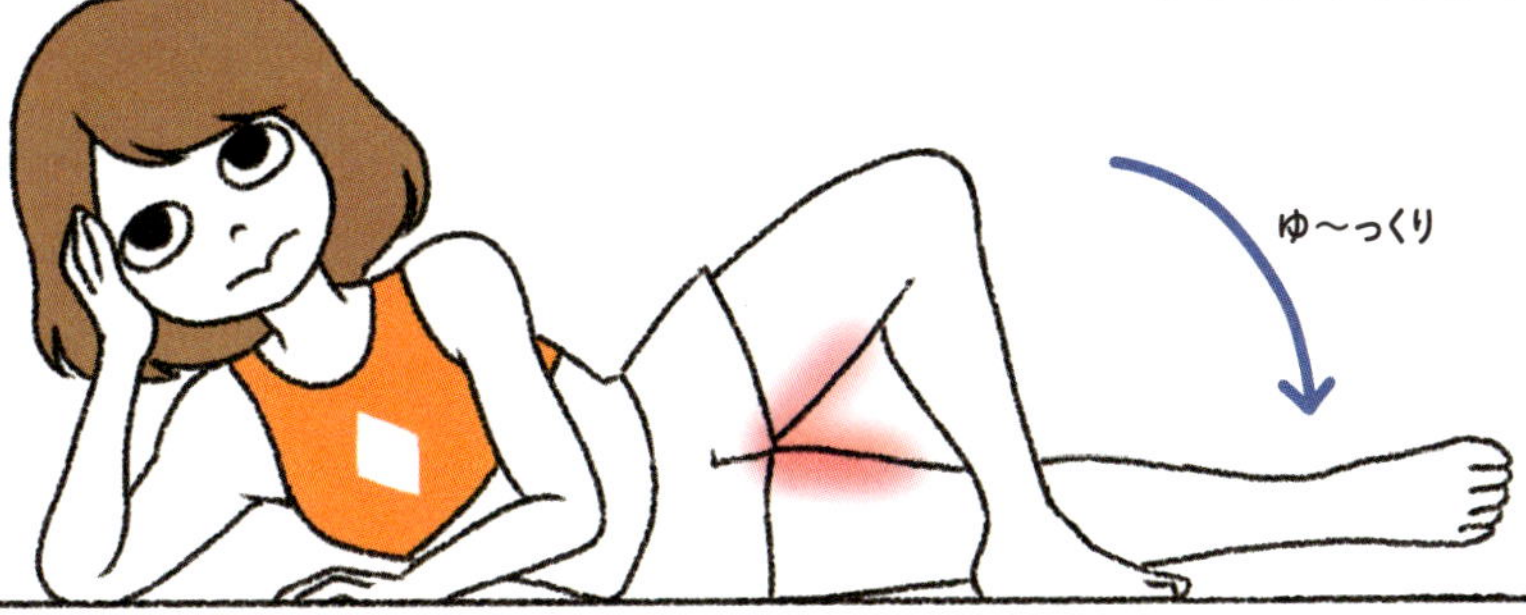

❶〜❸を片脚20回、インターバルを30秒はさんで3セット繰り返します。反対の脚も同様に

慣れてきたら

慣れてきたら、**足首にアンクルウェイト**をつけて負荷アップ!!

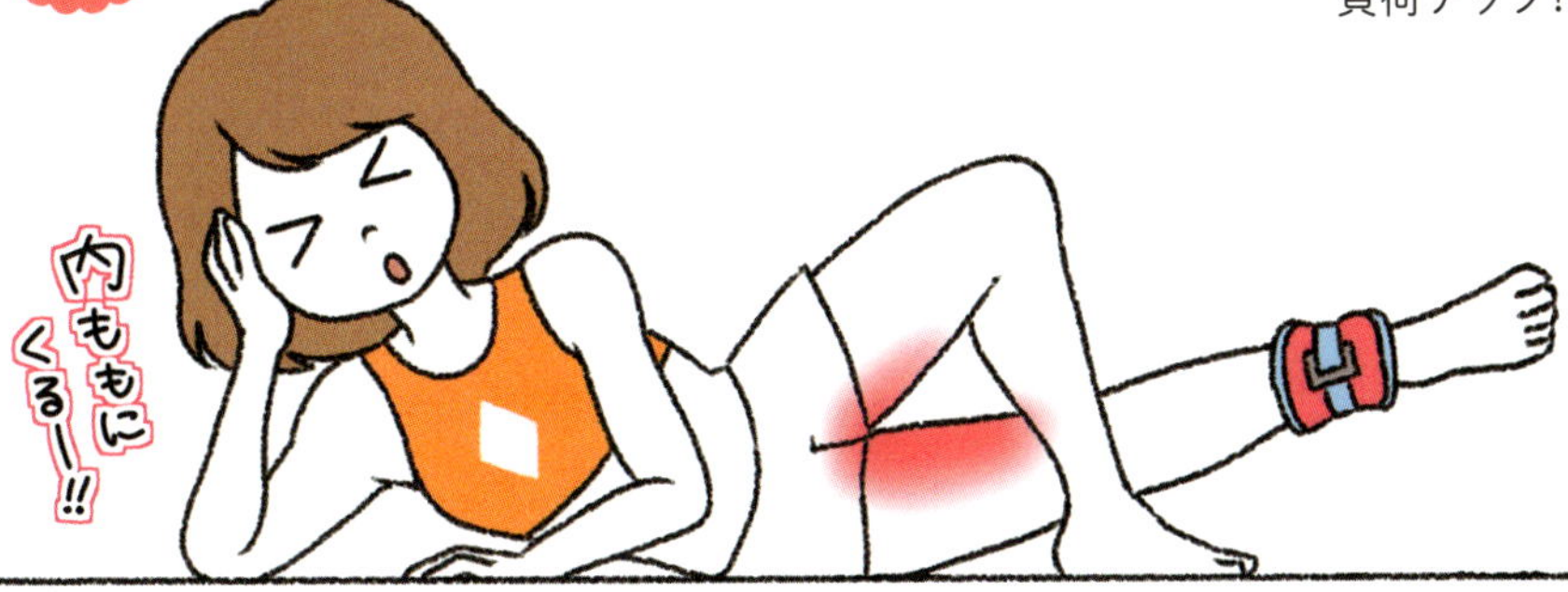

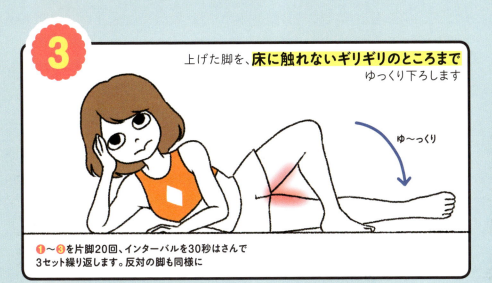

やせ筋2

大殿筋《だいでんきん》・中殿筋《ちゅうでんきん》

脱・ピーマン尻!!
重力に負けない
お尻を作れ！

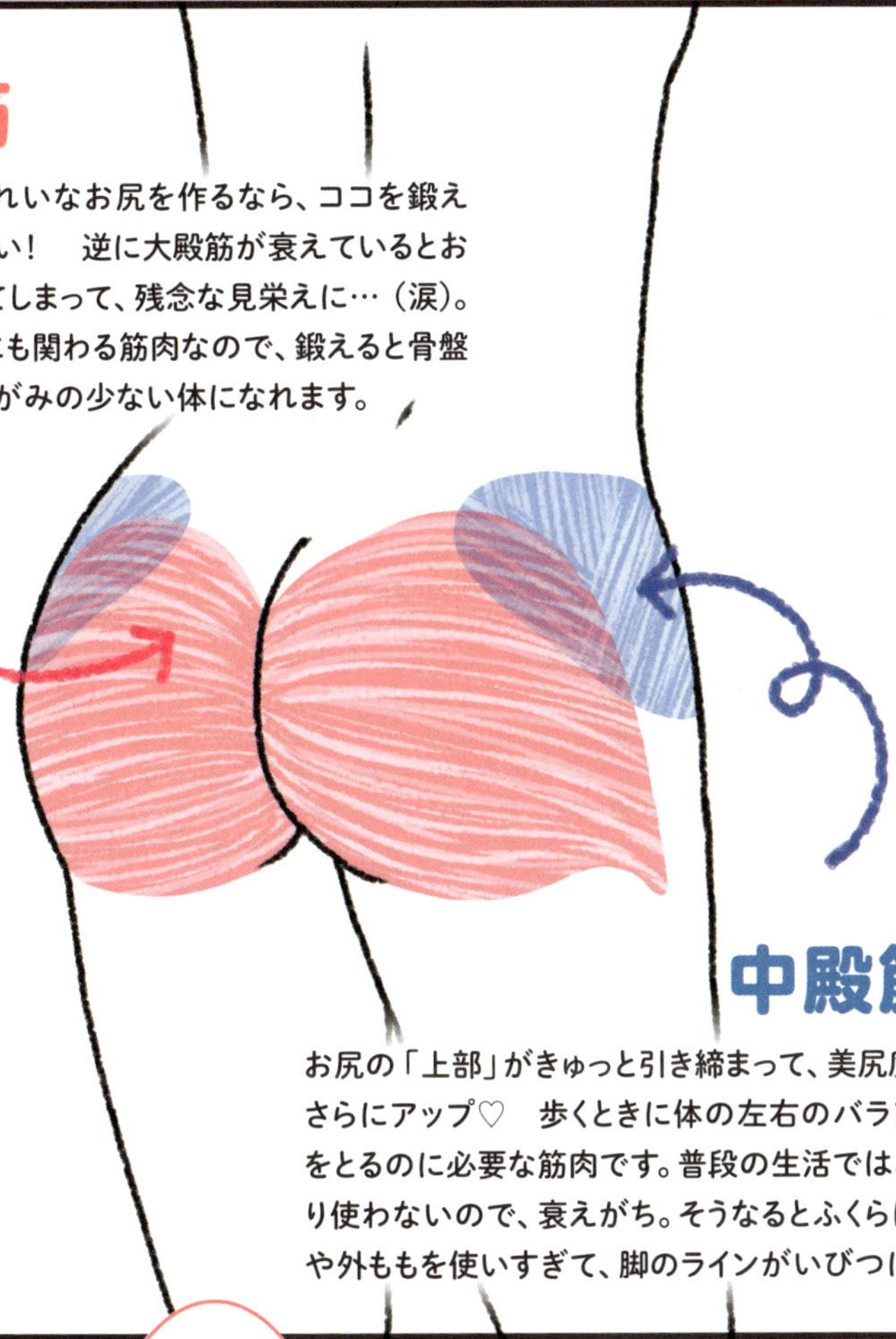

大殿筋

プリッとしたきれいなお尻を作るなら、ココを鍛えないと始まらない！　逆に大殿筋が衰えているとお尻全体が垂れてしまって、残念な見栄えに…（涙）。股関節の動きにも関わる筋肉なので、鍛えると骨盤が安定して、ゆがみの少ない体になれます。

中殿筋

お尻の「上部」がきゅっと引き締まって、美尻度がさらにアップ♡　歩くときに体の左右のバランスをとるのに必要な筋肉です。普段の生活ではあまり使わないので、衰えがち。そうなるとふくらはぎや外ももを使いすぎて、脚のラインがいびつに！

※尻表面を覆う大きな筋肉が「大殿筋」です。「中殿筋」は大殿筋の内がわにあるインナーマッスルのひとつ。さらにその深層に「小殿筋」もあります。

お尻がきゅっと
持ち上がれば
脚も長く見えるよ〜♪

こんな人は鍛えてね

- お尻が垂れ下がっている
- お尻の形がいびつ
- お尻のセルライトが気になる
- 脚が短く見える
- 左右の骨盤がずれている

ヒップリフト

お尻はま〜るく！　脚は長〜く！

〔目標回数〕
15回
×
3set

〔インターバル〕
1〜2分

1

2

ココに効く！

大殿筋
（お尻）

ハムストリングス
（裏もも）

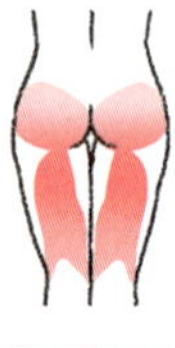

②～③を15回、インターバルを1～2分はさんで3セット繰り返します

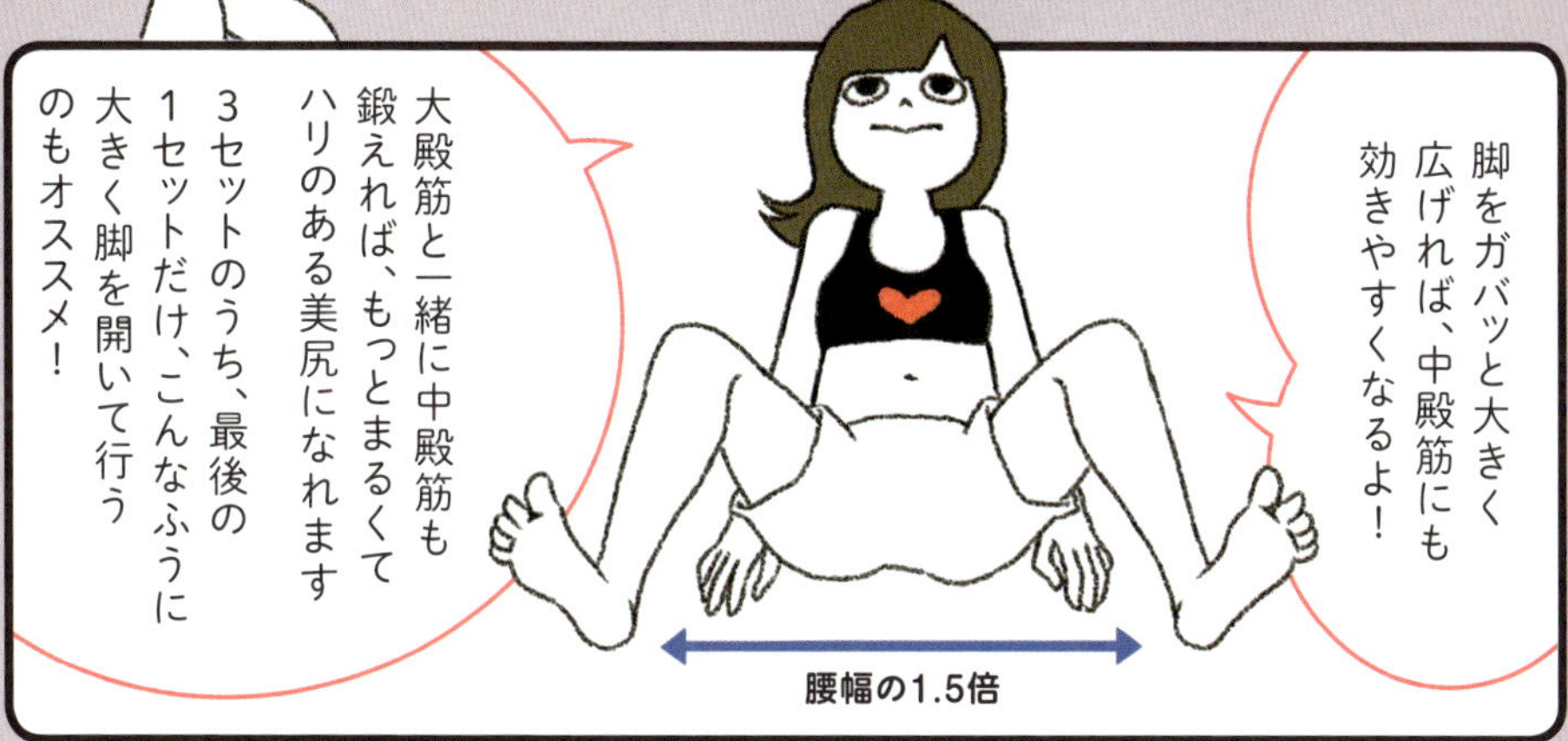

キツいトレーニングではないので、初心者さんも試しやすいはず。

ポイントは、かかとに重心を置くこと。そうすることで、お尻にちゃんと力を入れることができるからです。重心がつま先寄りだと、肝心のお尻は鍛えられず、ふくらはぎの力を必要以上に使ってしまうため、ムキムキの脚になってしまいます。

②で背中をまっすぐにすることで、自然と腹筋にも力が入って、お腹も鍛えられます。できれば横に鏡を置いて、まっすぐなラインを確認しながらやってみてください。

Q&A
もっと効かせるコツ

Q
前ももばかりに効いてしまって、お尻に効いてる感じがしない…

かかと重心を忘れないで!

踏ん張るときにつま先に力が入っていない? **かかとで踏ん張りながらやらないと、お尻に効かなくなってしまいます。** ヒップリフトだけでなく、お尻を鍛えたいときは、いつもかかと重心を意識。

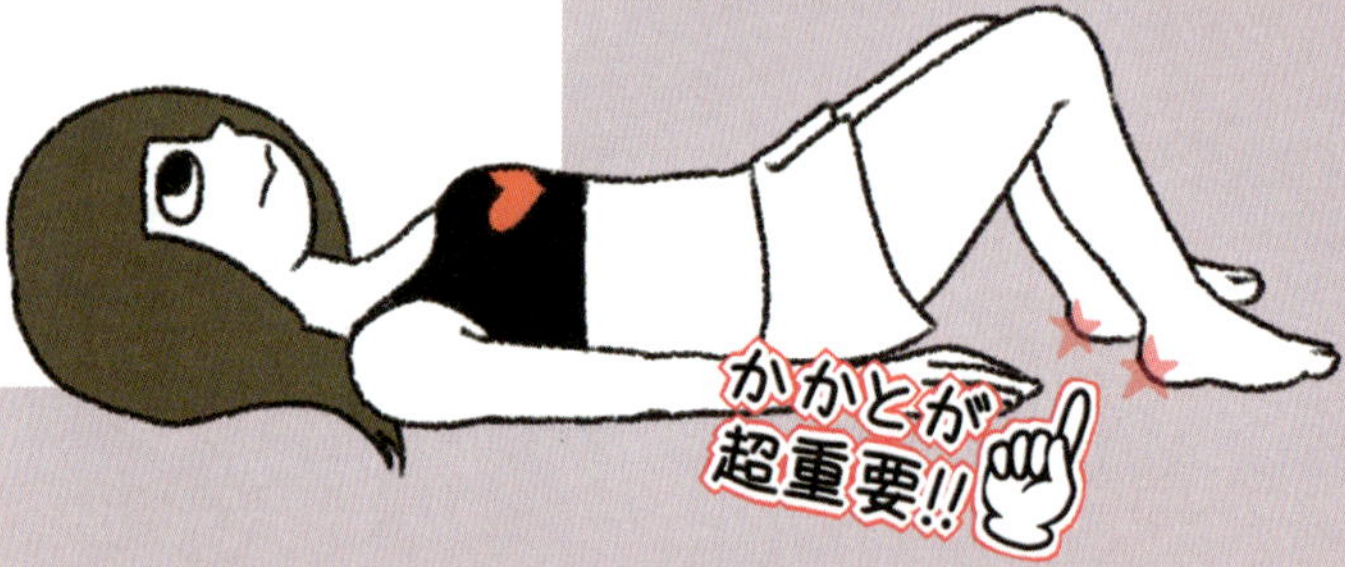
かかとが
超重要!!

Q
かかと重心を意識してみたけど、全然キツく感じない!!私のやり方で、本当に合ってる?

負荷が途中で抜けている可能性大

かかと重心なのに、まったくお尻に効いていないとしたら、次のどちらかかも!

1. **お尻を完全に床に下ろしている**
2. **腰を反らしてしまっている**

どちらもお尻の筋肉への負荷が抜けてしまう原因に。腰の反らしすぎは怪我につながる恐れもあるので、気をつけてね!

完全に下ろすと
筋肉が休んじゃう!
NG!!

腰の反らしすぎは
お尻から
負荷が抜ける!
NG!!

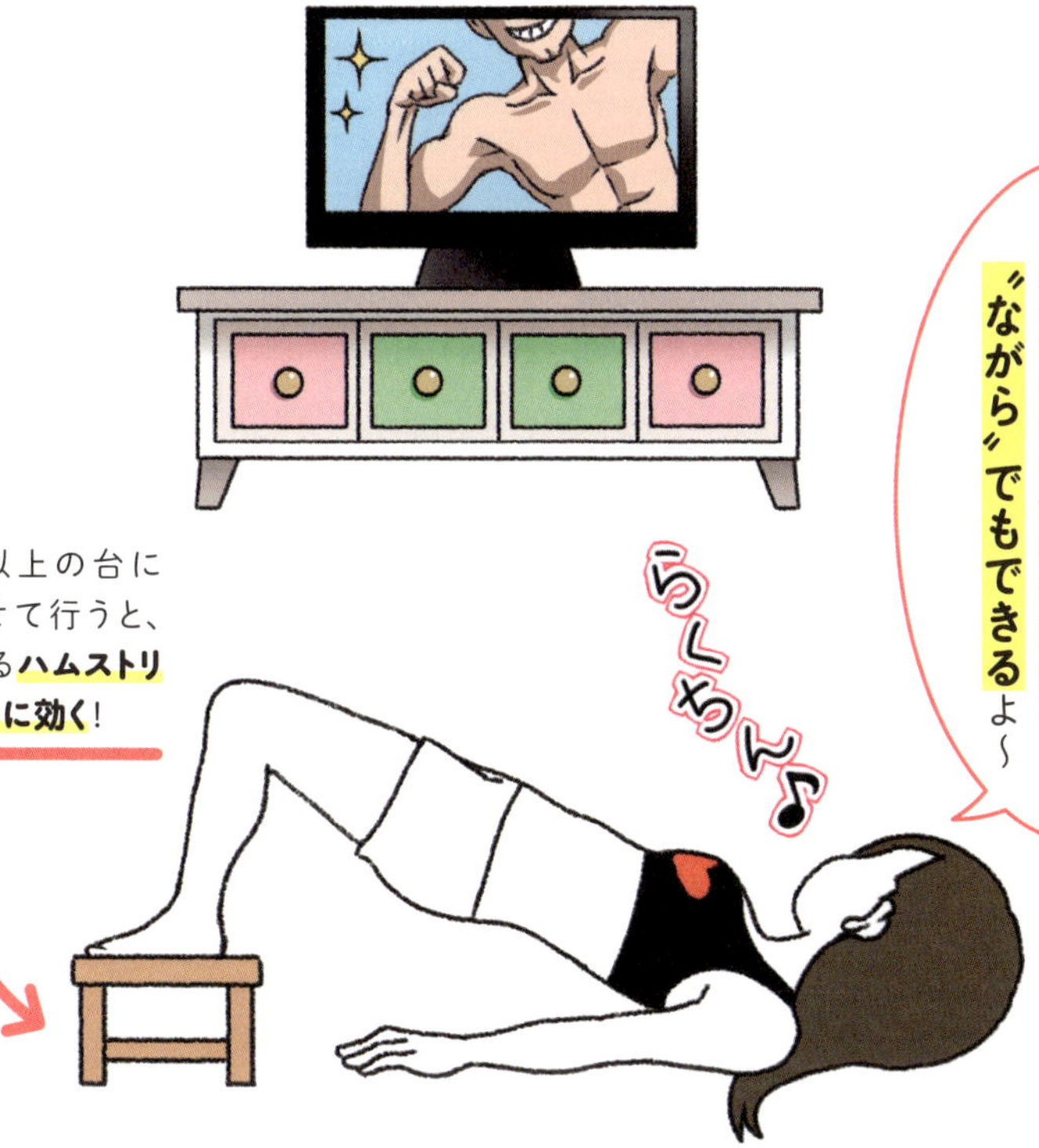

高さ15㎝以上の台に両足をのせて行うと、裏ももにある**ハムストリングスにさらに効く**！

慣れてきたら

片脚だけでやってみよう！

お尻の筋肉が強くなってきたら、片脚で行う「ワンレッグヒップリフト」にも挑戦してみよう。やり方やポイントはヒップリフトと同じで、片脚を上げるだけ♡

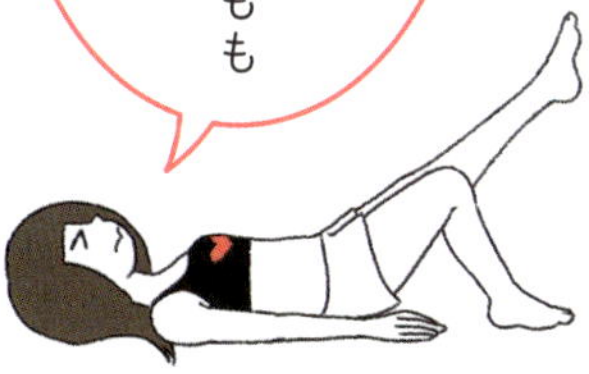

Hip Lift

ヒップリフト直後の「追い込みトレーニング」で効果アップ！ **シメトレ!!**

お尻がジンジンして立ち上がれない…
何言ってるの！ヒップアップの仕上げに入るわよ！

お尻を追い込む

ライイングヒップアブダクション

〔目標回数〕片脚**20**回ずつ×**3set**　〔インターバル〕**30**秒

1

横向きに寝そべって、
両脚が「くの字」になるように、
ひざを曲げます

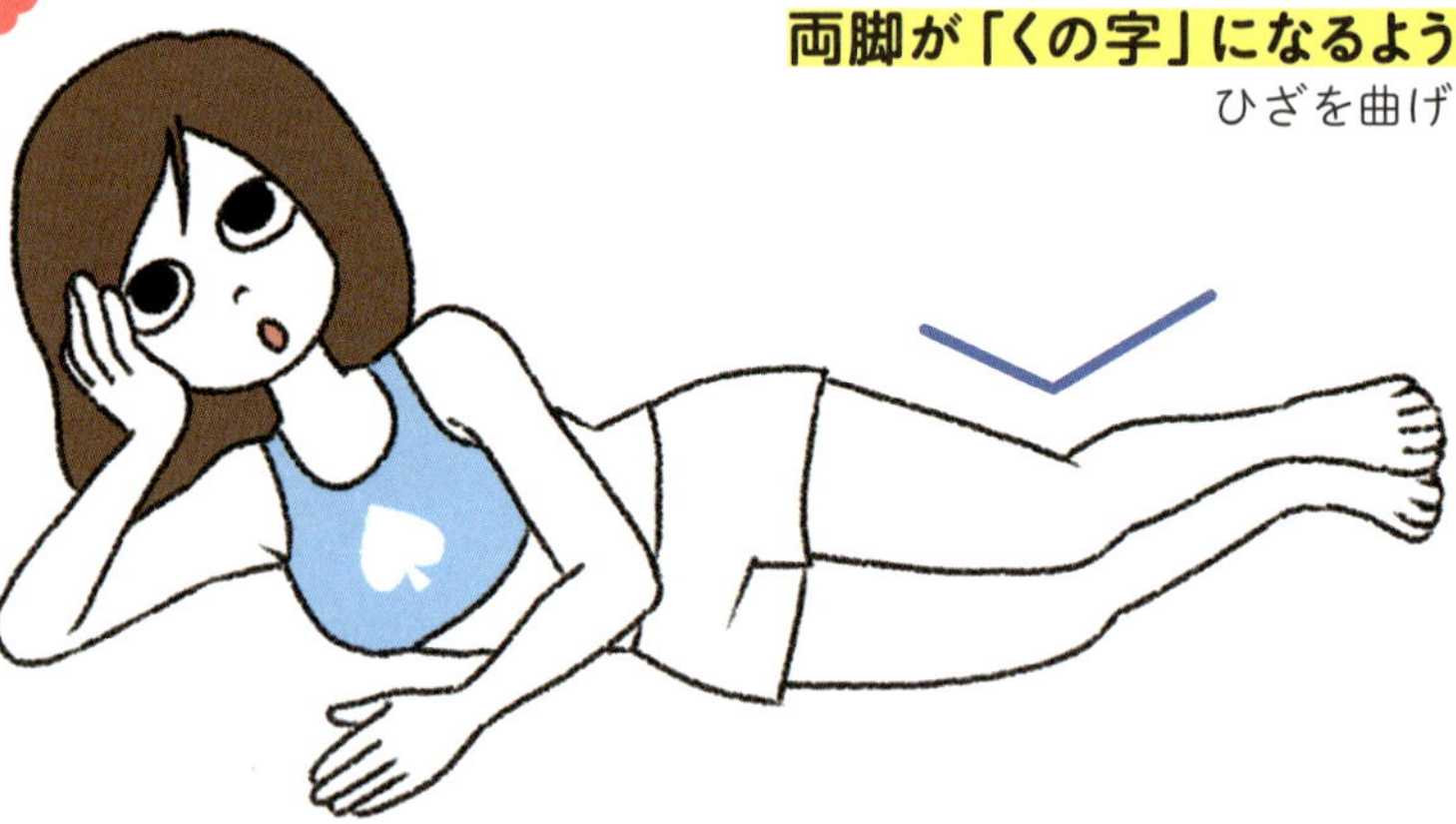

2

ひざを開くイメージで、
上の脚を**真上にぐいっと**上げます

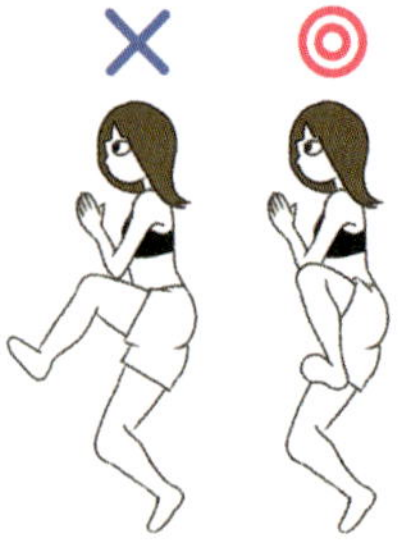
×
◎

脚を前方に上げると、お尻ではなく外ももに効いてしまうので、真上に上げて！

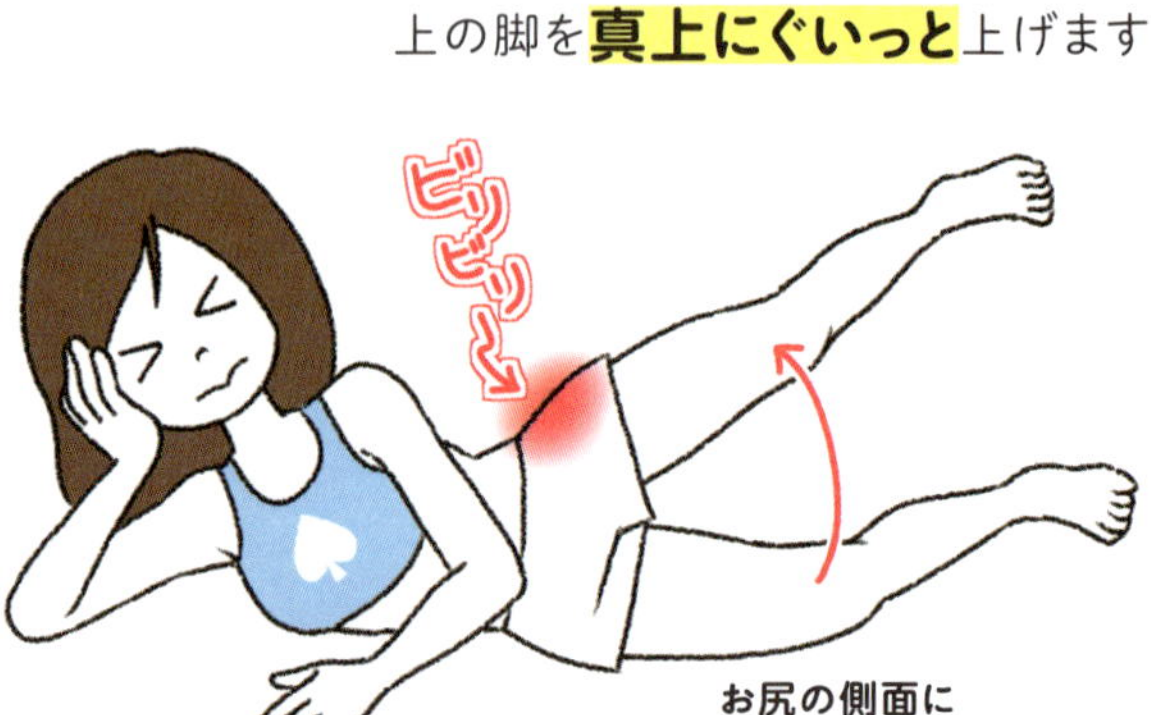
ビリビリ～

お尻の側面に効くまでキープ!!

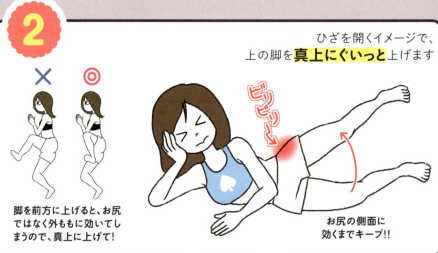

Lying Hip Abduction

3

お尻の側面に効いた感じがしたら、
ゆっくり脚を下ろします。**完全には下ろしきらず**に、
そのまま❷に戻って脚を上げます

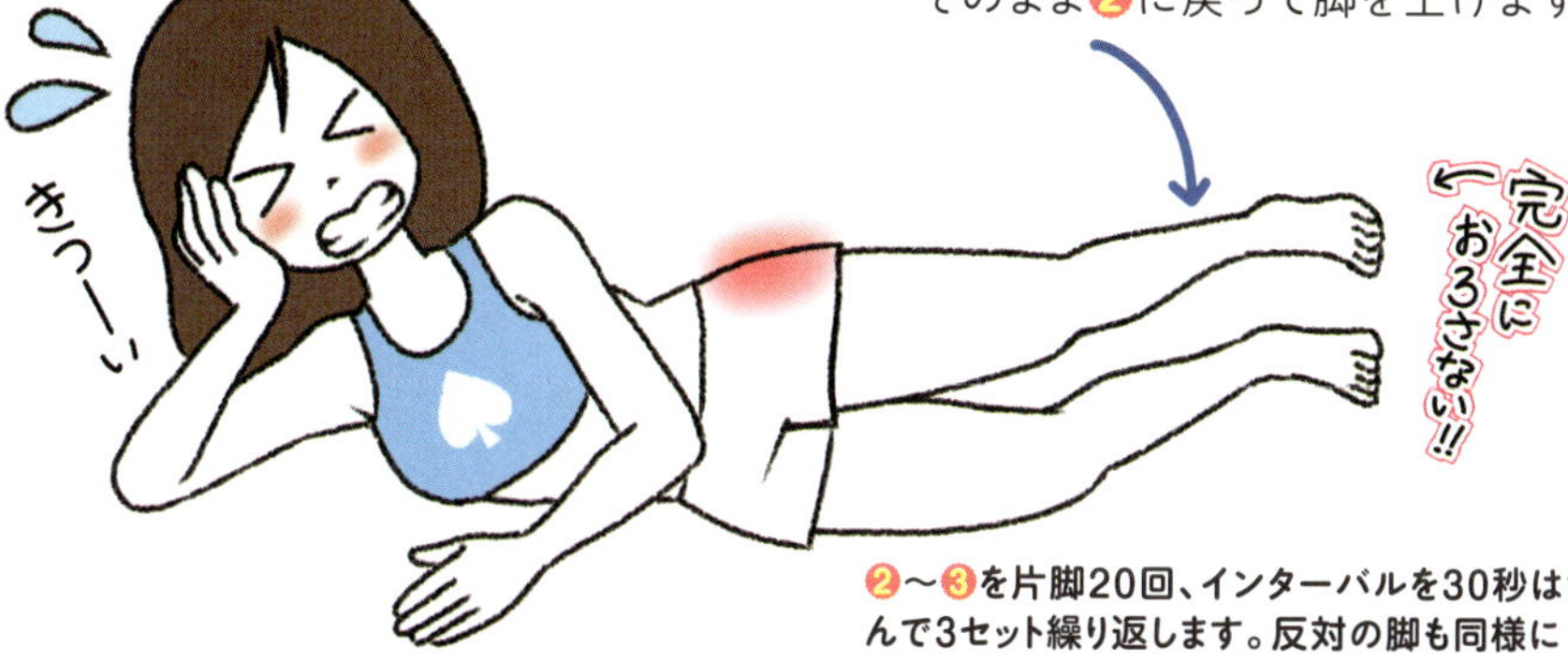

❷～❸を片脚20回、インターバルを30秒はさんで3セット繰り返します。反対の脚も同様に

慣れてきたら

慣れてきたら、足首にアンクルウェイトをつけたり、
ひざ上にゴムバンドを巻いたりしながらやると
さらに効果アップ!!

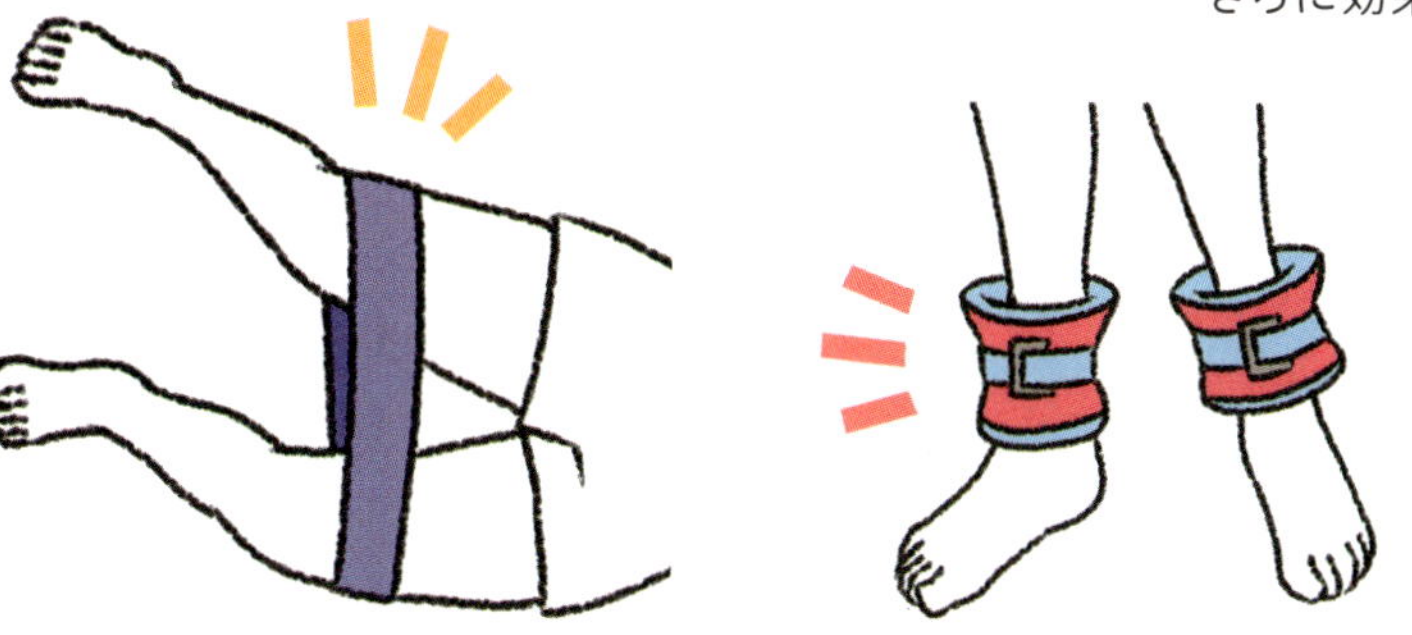

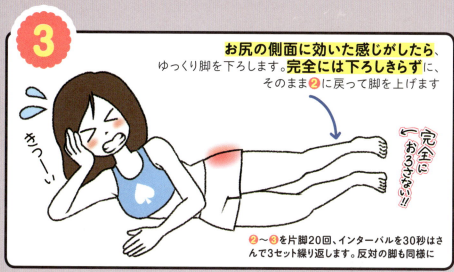

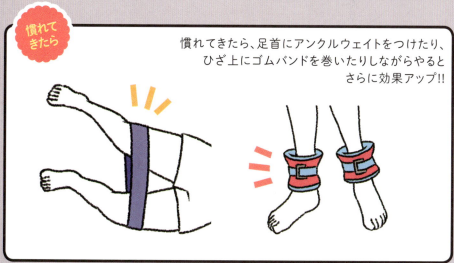

やせ筋3

ハムストリングス

太もも裏のセルライトは年齢のせい？ いや、ただの「努力不足」だから!!

セルライトだらけの
ボコボコ脚!!
前ももパンパン
だるんだるん

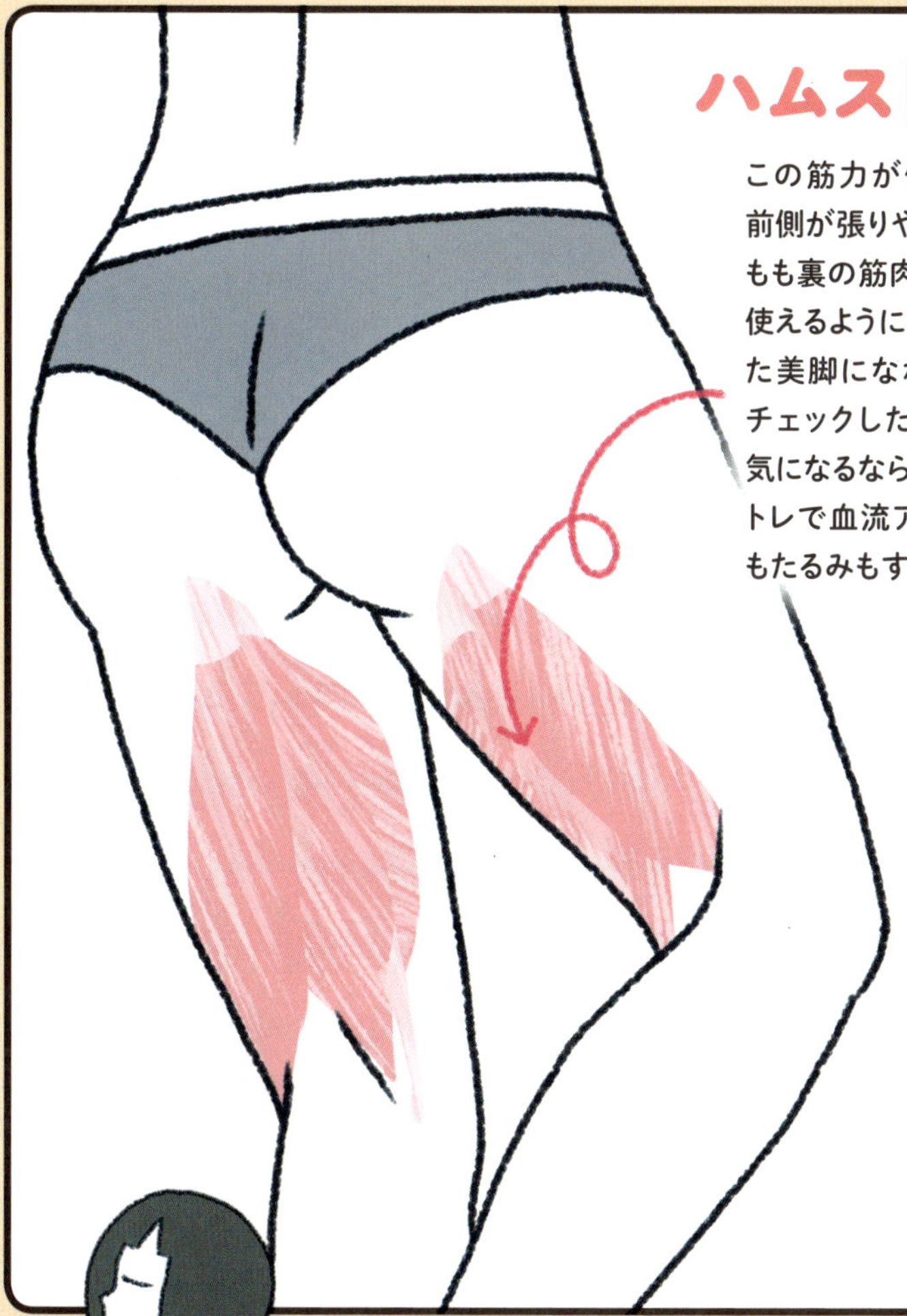

ハムストリングス

この筋力が低下すると、太ももの前側が張りやすくなり太い脚に。太もも裏の筋肉を鍛えてバランスよく使えるようになると、細いすらっとした美脚になれます。鏡で後ろ姿をチェックしたときに、セルライトが気になるなら明らかに筋肉不足。筋トレで血流アップして、セルライトもたるみもすっきり！

※「半腱様筋」「大腿二頭筋」「半膜様筋」といった、ももの裏側にある筋肉群の総称。

こんな人は鍛えてね

- 裏ももにセルライトがついている
- 裏ももがいつも冷えている
- 脚がむくみやすい
- 脚が短く見える
- 前ももが張っている

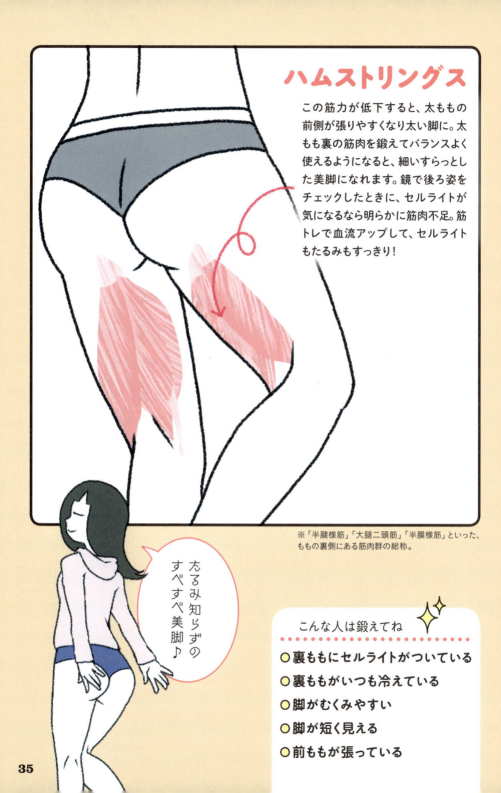

ルーマニアンデッドリフト

美脚×ぷり尻で、後ろ姿が生まれ変わる！

〔目標回数〕
10回×2set

〔インターバル〕
2〜3分

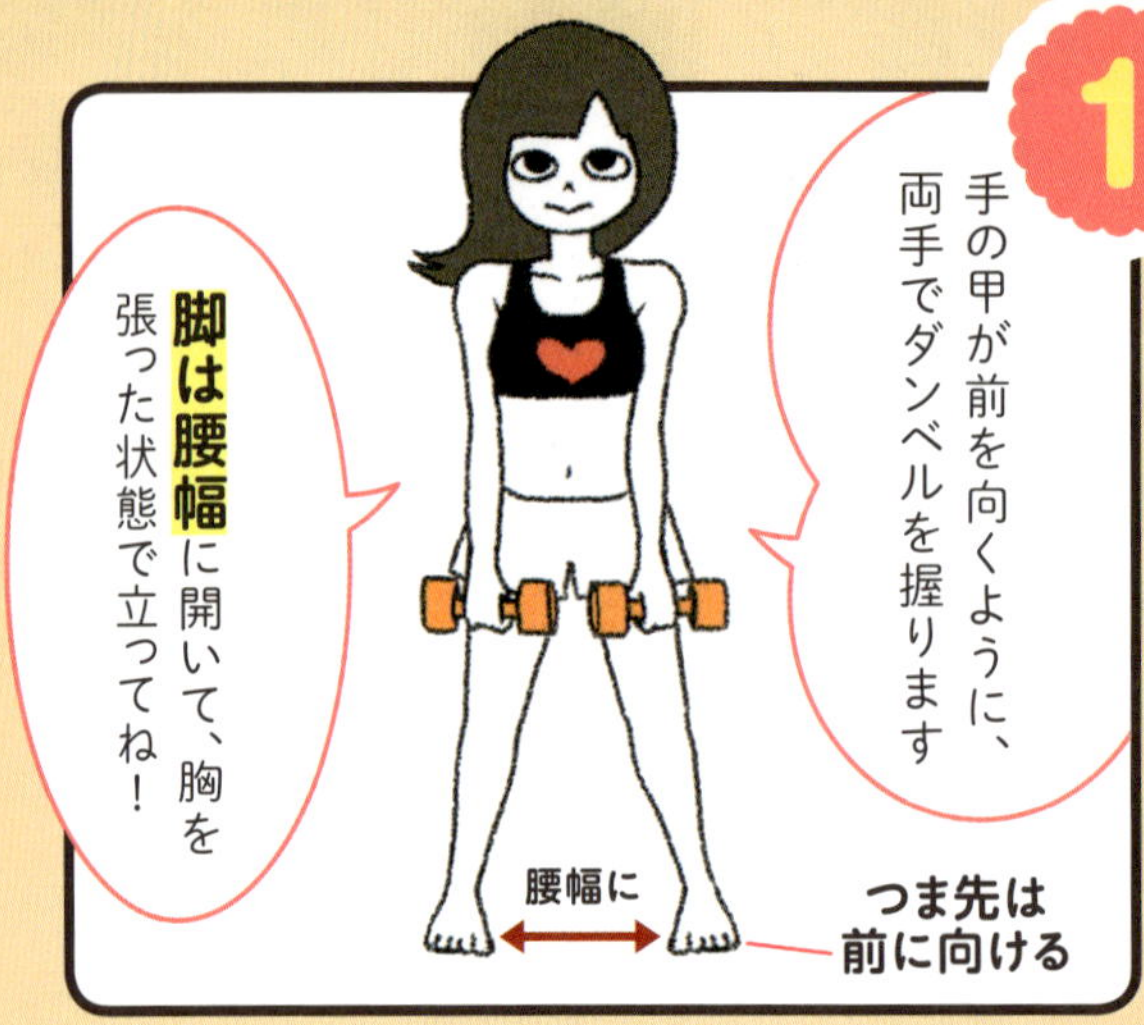
1
手の甲が前を向くように、両手でダンベルを握ります
脚は腰幅に開いて、胸を張った状態で立ってね！
腰幅に
つま先は前に向ける

2
お尻を突きだしながら、ゆ〜っくりダンベルを下ろしていくよ
ひざを曲げすぎないように気をつけて！
2〜3秒かけて
ゆっくり〜…
ひざは軽く曲げて！
ダンベルを太ももにそわせながら、少しずつ下ろしていってね
かかと重心!!

ココに効く！

大殿筋
（お尻）

ハムストリングス
（裏もも）

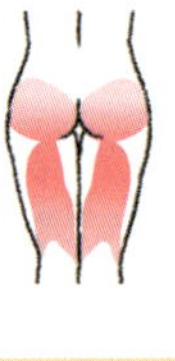

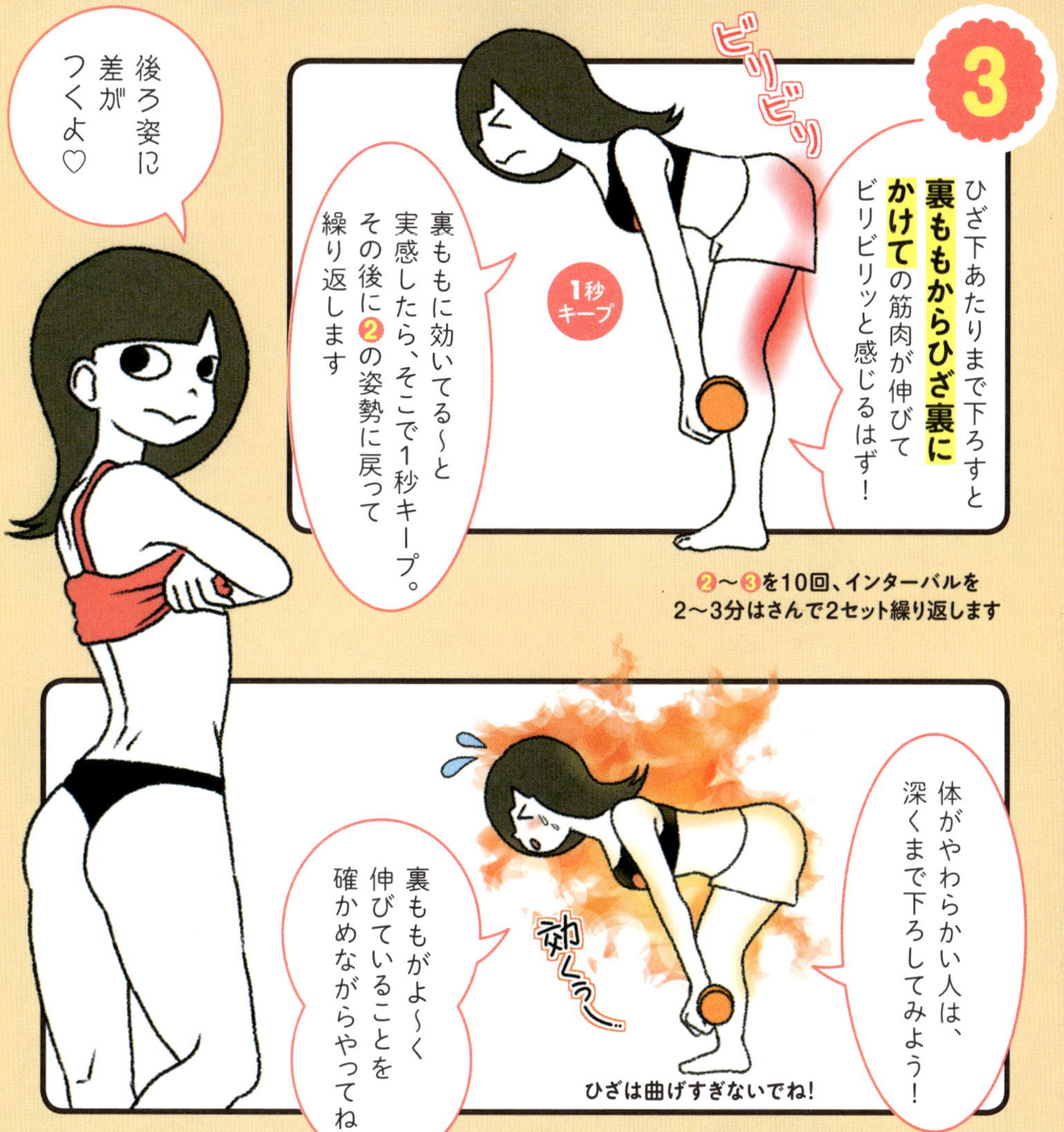

見た目は地味ですが、意外にキツいトレーニングです。

正しいフォームでやらないと、裏ももに全然効かないことがあります。③のときに、ちゃんと裏ももにビリビリッときているかどうか、確認してください。ビリビリこないときは、ひざの曲げ具合やお尻の突きだし方、重心、手を下ろす位置などを少しずつ変えて、裏ももの筋肉を感じられる位置を探ってみましょう。

裏ももからひざ裏にかけて「こんなところに筋肉があるんだ」と新鮮に感じるはずです。

Romanian De

Q&A

もっと効かせるコツ

痛いのは効いてる
証拠だよ!

Q やっていると、裏ももがすごく痛いんだけど、こんなに痛くて合ってるの?

それこそ筋肉が伸びてる証拠!

裏ももは普段の生活で筋肉を伸ばす機会が少なく、硬くなっていることが多いんです。「痛い」って感覚は、まさに**筋肉が伸びている証拠**!
ただし、痛すぎるときは、**ひざを少し深く曲げてください。**

Q 私は逆に、どこもビリビリこなくて全然効いてる感じがしないんだけど…

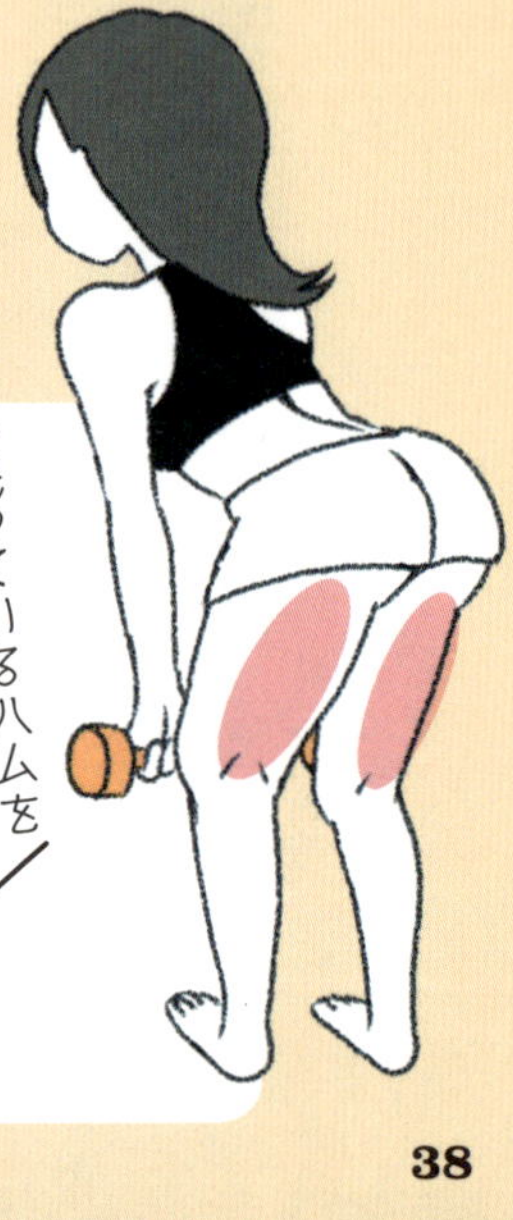

眠っているハムを
目覚めさせるんだ!

眠った筋肉を目覚めさせよう

1. **ひざを曲げすぎている**
2. **ダンベルを深く下ろせていない**
3. **かかと重心になっていない**
4. **つま先をまっすぐ前に向けていない**

上記に当てはまるとNG。運動不足の人は特に、ハムストリングスを使う機会がないから、筋肉が眠っています。続けるうちに、筋肉エリアを自覚できるようになるから焦らないで。

ダメ、絶対!!
やりがちNGポイント

背中が丸まって、お尻を突きだせていない

背中が丸まっていると、ちゃんとお尻を突きだせなくてハムストリングスに効かず、ヒップアップ効果が半減!! **背中はまっすぐのまま、プリッとお尻を突きだしてね。**

ひざを曲げすぎている

ひざを曲げすぎると、裏ももが伸びなくて効きません。
ダンベルを下ろしたときに、**腕の動きにつられてひざが曲がらないように!** ひざの角度は守りながら、裏ももがじわじわと伸びていくのを確認しましょう。

高重量のダンベルを
扱えるようになると、
さらにメリハリボディ
になれるよ♡

慣れてきたら

負荷をプラス!

ルーマニアンデッドリフトに慣れてきたら、回数やセット数を増やしてみて。
ダンベルの重量を上げてみるのもオススメ。

Romanian D

筋トレ女子あるある その1

筋トレ女子なら、
ついうなずいちゃう、
筋トレあるある。
筋肉痛さえ快感になる
筋トレの世界へようこそ！

カラオケで歌を歌うときに
腹横筋を意識する
少し背の高い～～～♪

人に渡すお土産選びが
慎重になる
大福なら脂質も低いし喜ばれるよね
だいふく

食材を栄養素で
呼びがち
なに食べたい？
んーとね
タンパク質！

買い物袋で筋トレができないか試行錯誤する
広背筋に効きそう！

何を目指してるの？と聞かれるが自分でもよくわからない
そんなに鍛えて何を目指してるの？
わからない…!!

温泉やプールに行くと周りの人をつい見てしまう

理想のボディのためならどんなにおいしそうな食べ物でも我慢できる
おいしそうなカレーの匂い…
いや我慢だ！

やせ筋4

腹直筋《ふくちょくきん》・腹横筋《ふくおうきん》

「腹筋3部作」で、お腹なんてすぐ割れる!!

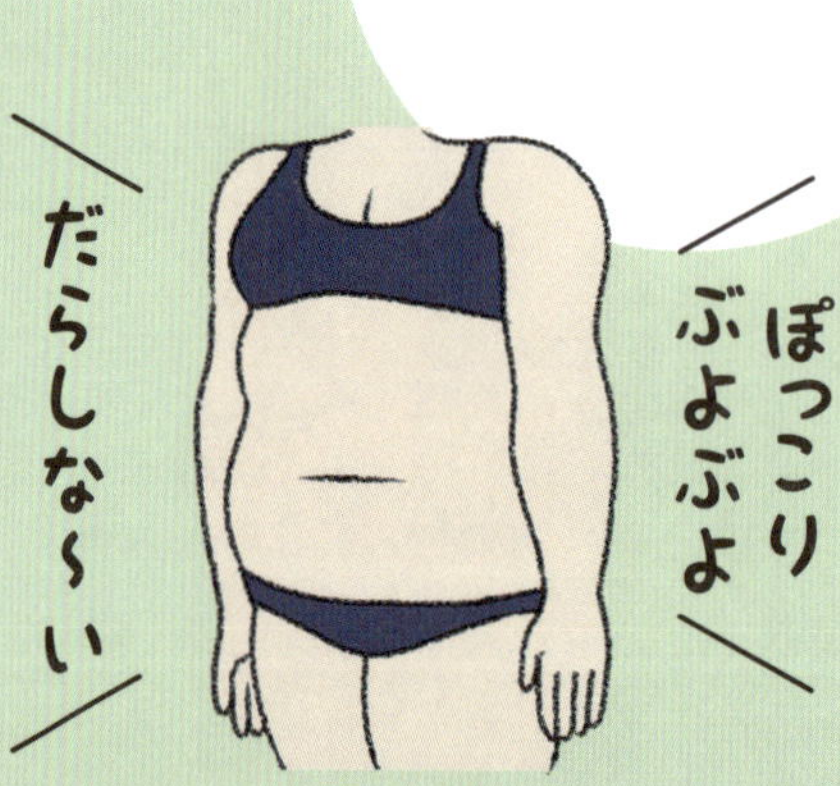
ぽっこりぶよぶよ
だらしな〜い

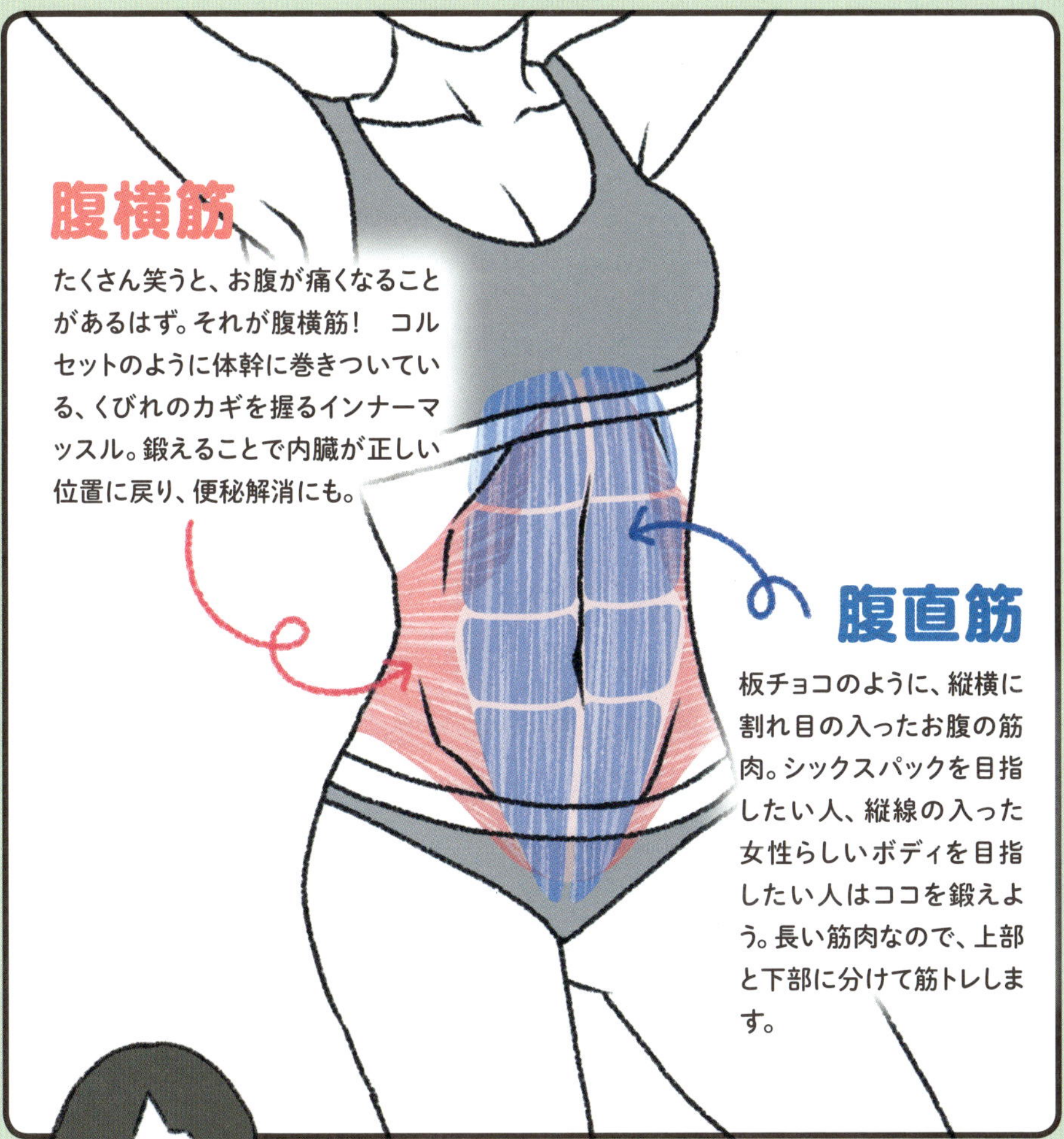

腹横筋

たくさん笑うと、お腹が痛くなることがあるはず。それが腹横筋！　コルセットのように体幹に巻きついている、くびれのカギを握るインナーマッスル。鍛えることで内臓が正しい位置に戻り、便秘解消にも。

腹直筋

板チョコのように、縦横に割れ目の入ったお腹の筋肉。シックスパックを目指したい人、縦線の入った女性らしいボディを目指したい人はココを鍛えよう。長い筋肉なので、上部と下部に分けて筋トレします。

※お腹の両側で深層部にあるのが「腹横筋」で、その上を「内腹斜筋」「外腹斜筋」が覆っています。前面にあるのが「腹直筋」です。

割れたお腹&
美くびれで
視線を独り占め♡

こんな人は鍛えてね

- お腹のお肉がたぷたぷ
- 下腹がぽっこりしている
- くびれがない
- 腰が痛くなりがち
- 便秘気味だ

くびれを作るなら腹筋よりもだんぜんコレ！

デッドバグ

〔目標回数〕
20回
×
2set

〔インターバル〕
30秒

ココに効く！

腹横筋
（お腹）

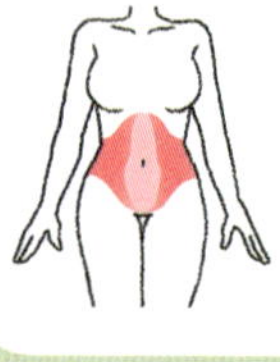

1

あお向けになって「前へならえ」をします

脚は**ひざを直角**に曲げて、床から浮かせてね

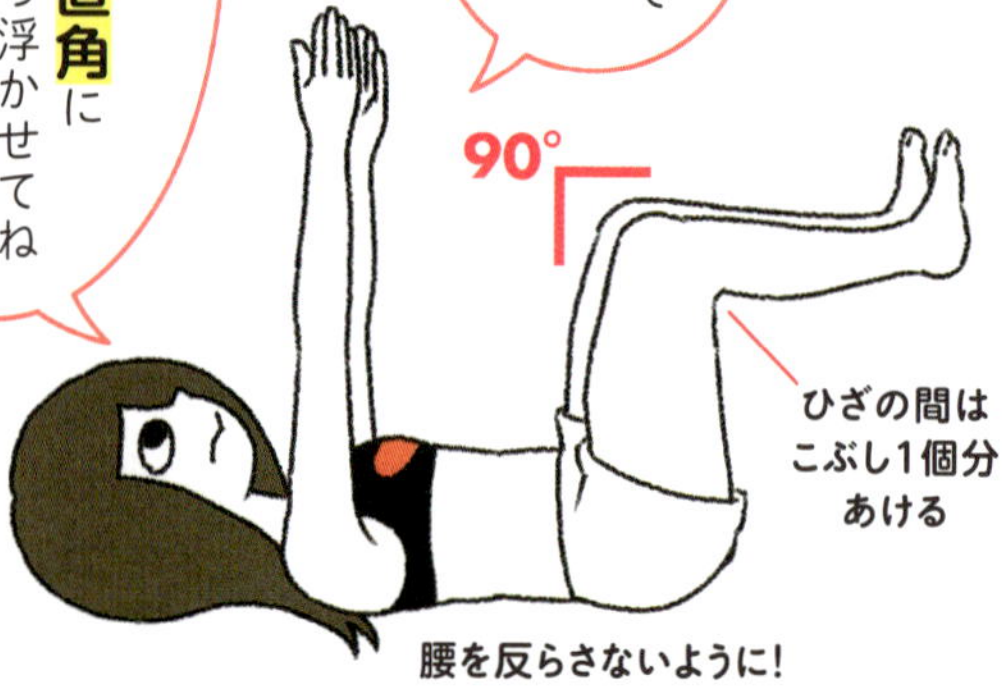

2

口から息をゆっくりと吐きながら**右手をバンザイ**すると同時に、**左脚をまっすぐ**伸ばします

2〜3秒かけてゆっくりと伸ばしてね

もう一方の手と脚は、1のままキープ

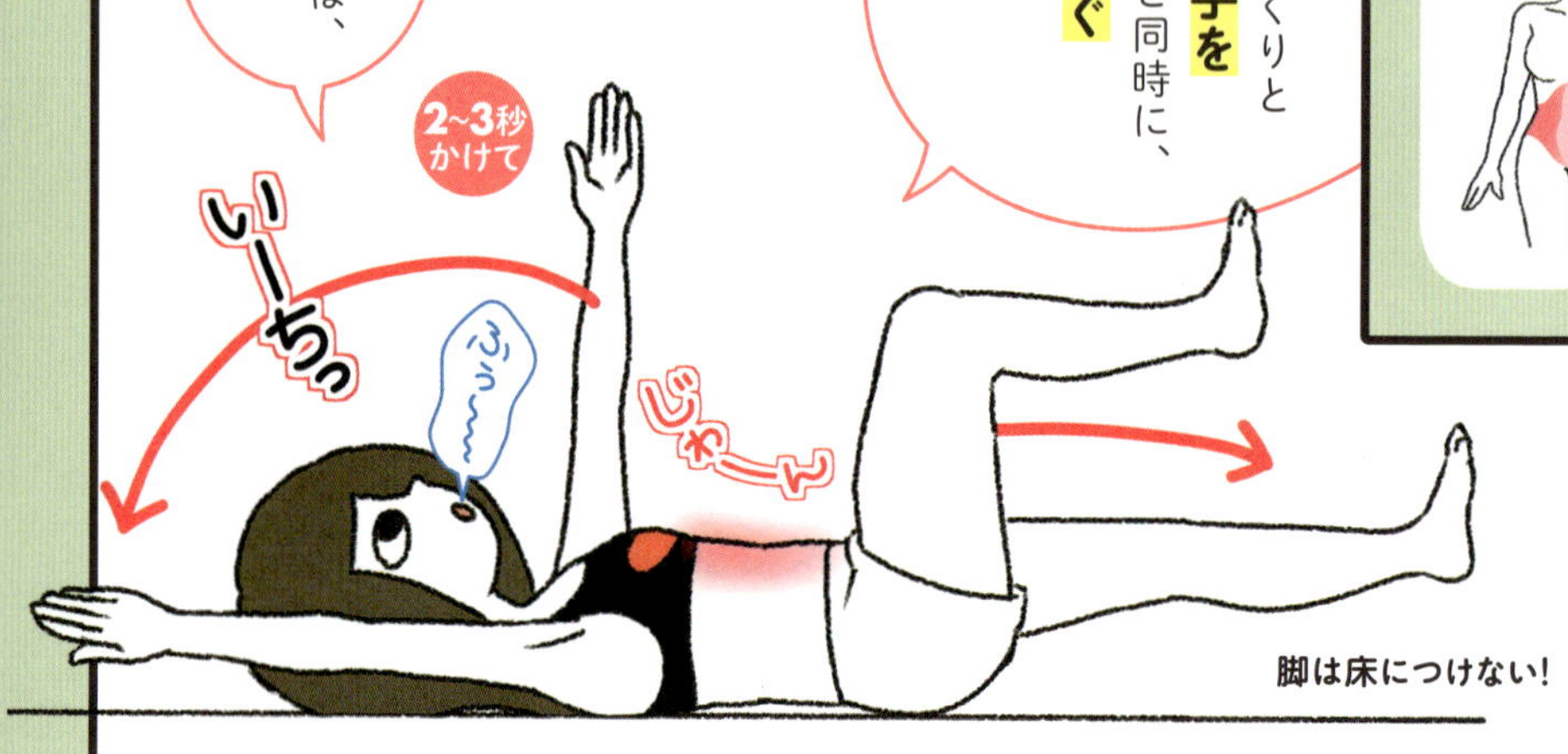

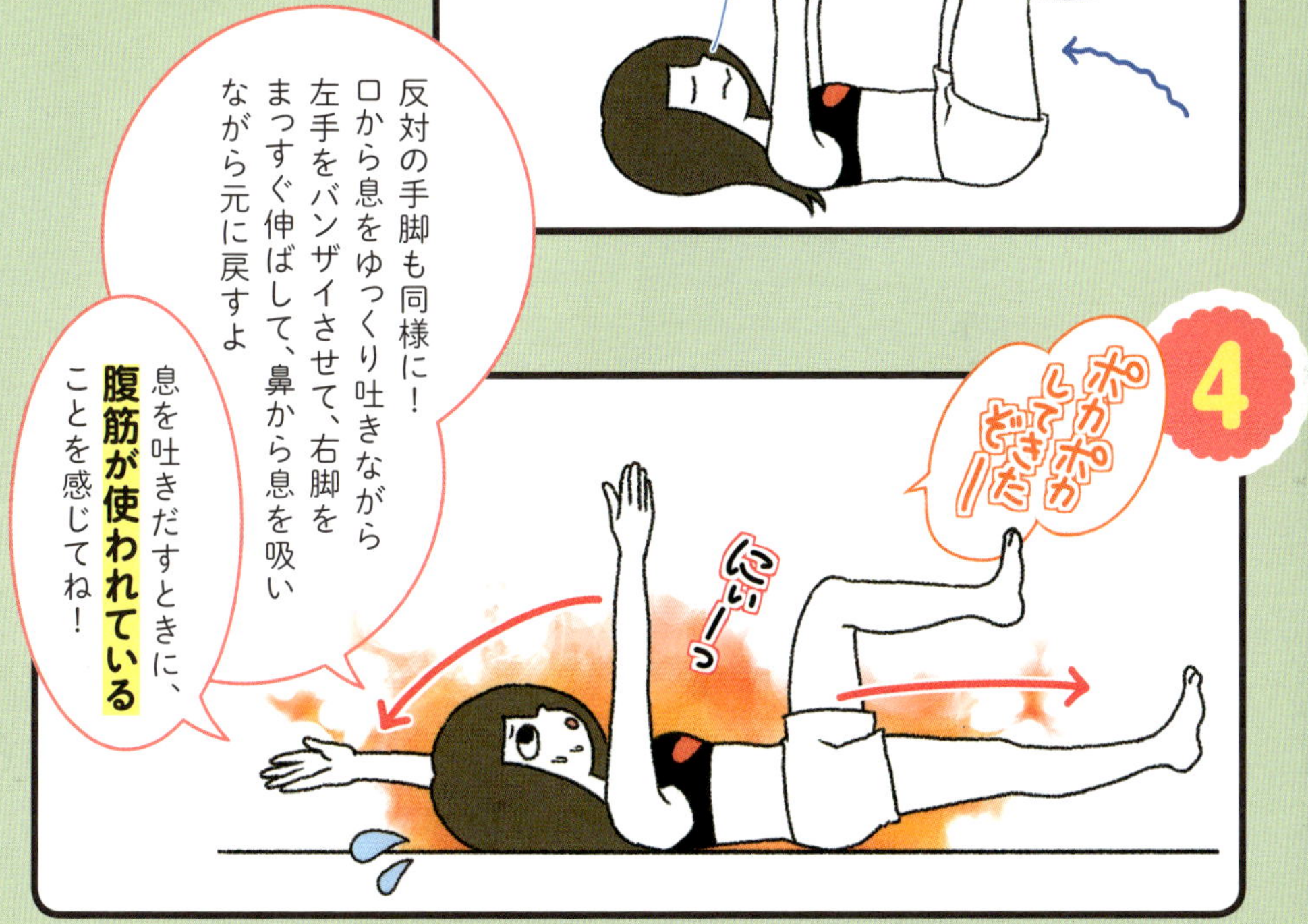

❶〜❹を10回（左右合わせて20回分）、インターバルを30秒はさんで2セット繰り返します

普通の「腹筋トレーニング」は表面の筋肉ばかり鍛えて、お腹は細くなりません。お腹を細く引き締めるならインナーマッスルを鍛えるこの筋トレ！

呼吸に加えて、脚や手の動きもあって…と慌てるかもしれません。まずは手足の動きに慣れてから、その後、おへそをへこませる深い呼吸を意識してみて。息を吐ききると腹横筋のあたりに効くのがわかるはずです。

正しくできれば最後の2セット目はかなりキツいはず！

腰痛持ちで腹筋トレーニングを諦めている人でも無理なくできますよ。

Dead Bug

細いウエストは呼吸で作る!

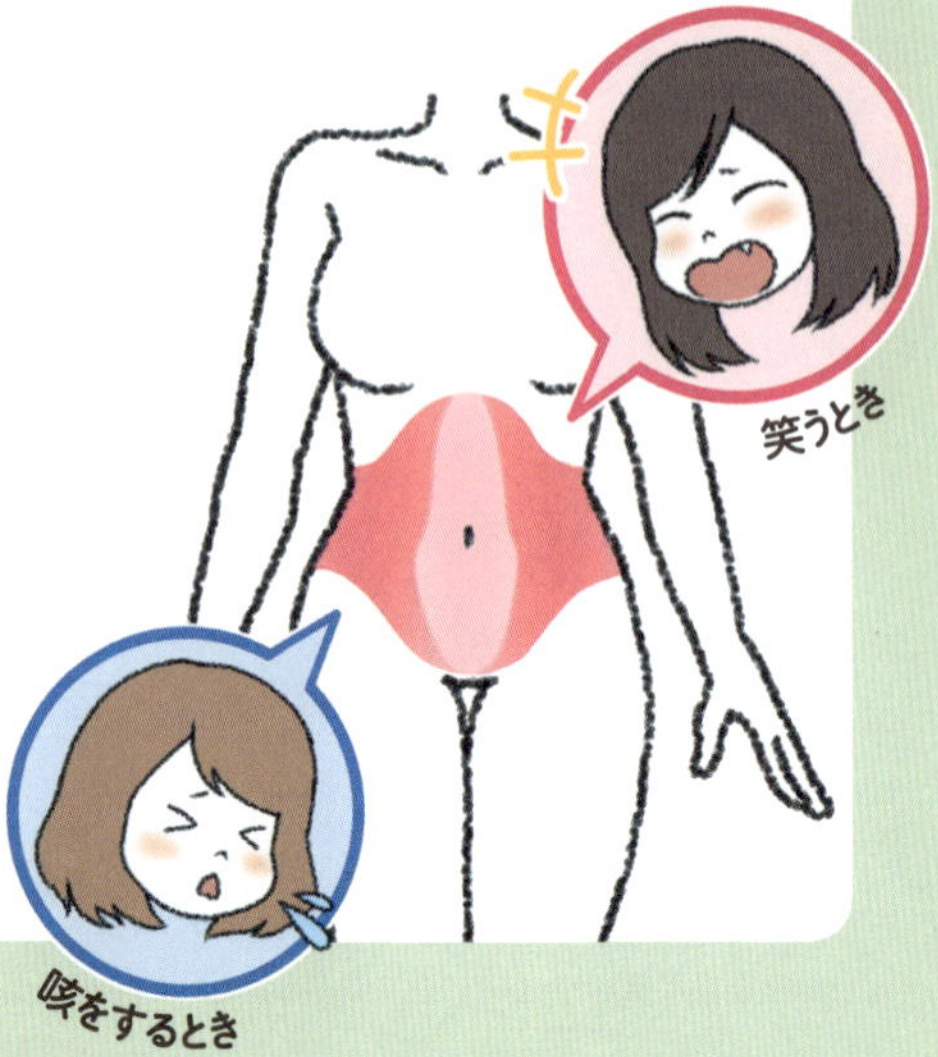
笑うとき
咳をするとき

腹横筋は呼吸と連動しているインナーマッスルなので、深い呼吸をしながらトレーニングすることがポイントです。

さらに、姿勢や内臓を支える役割もあるので、しっかりと鍛えていけば内臓が本来あるべき正しい位置に安定し、姿勢もよくなって、ウエスト周りがすっきり細く!

Q&A もっと効かせるコツ

私はこれでジーンズがゆるゆるに!

Q あまりキツく感じないけど、やる意味ってあるのかな?

体幹強化にはこれがベスト!

レッグレイズ（P48）やクランチ（P52）は、いわゆるシックスパックのお腹を作るのには効果的だけど、ウエストは細くなりません。デッドバグこそ、体幹を強化してウエストを引き締めるのに最適な種目。息を吐ききったときに、腹横筋にぐぐっと力が入るのを意識してみて。

トリビア

デッドバグとは「死んだ虫」という意味である

慣れてきたら

もうひとつ動きを加えて!

動きのコツがつかめてきたら、もうひとつ動きをプラス! 息を吐くときに、おへそのあたりを意識的にへこませながらやってみよう。

Dead Bug

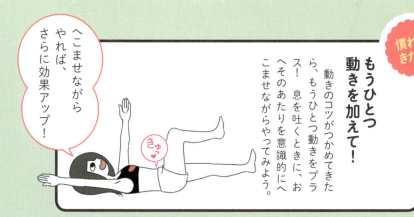

思わず自撮りしたくなるお腹が作れる！

レッグレイズ

〔目標回数〕

10回×3set

〔インターバル〕

30秒～1分

1
あお向けに寝転びま～す

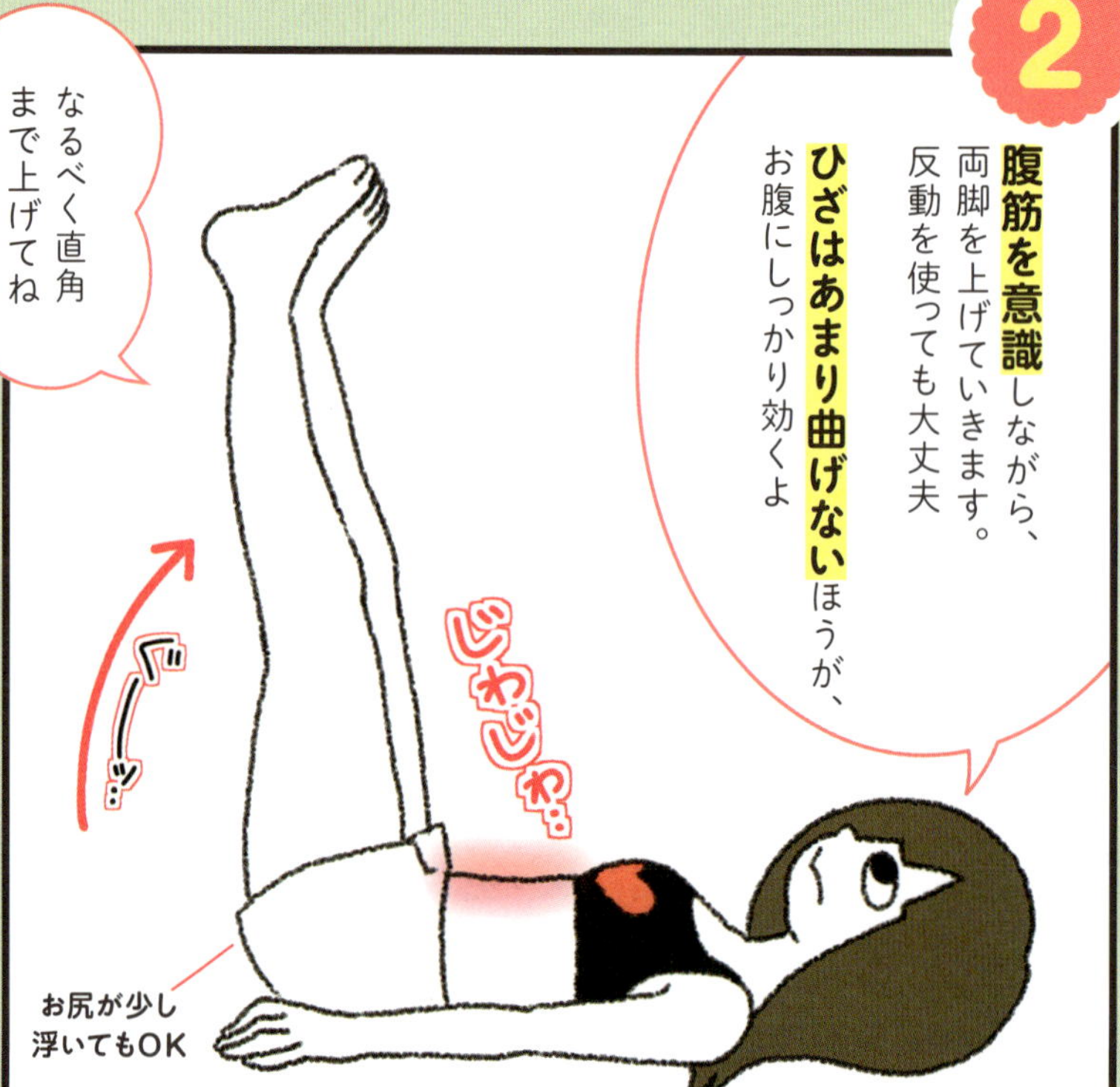
2
腹筋を意識しながら、両脚を上げていきます。反動を使っても大丈夫
ひざはあまり曲げないほうが、お腹にしっかり効くよ
なるべく直角まで上げてね
ぐーーッ..
じわじわ..
お尻が少し浮いてもOK

ココに効く！

腹直筋下部

（お腹）

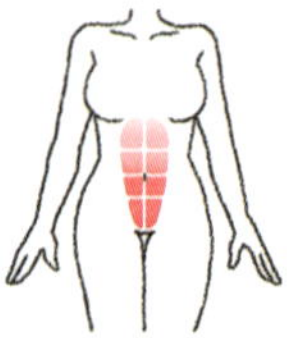

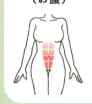

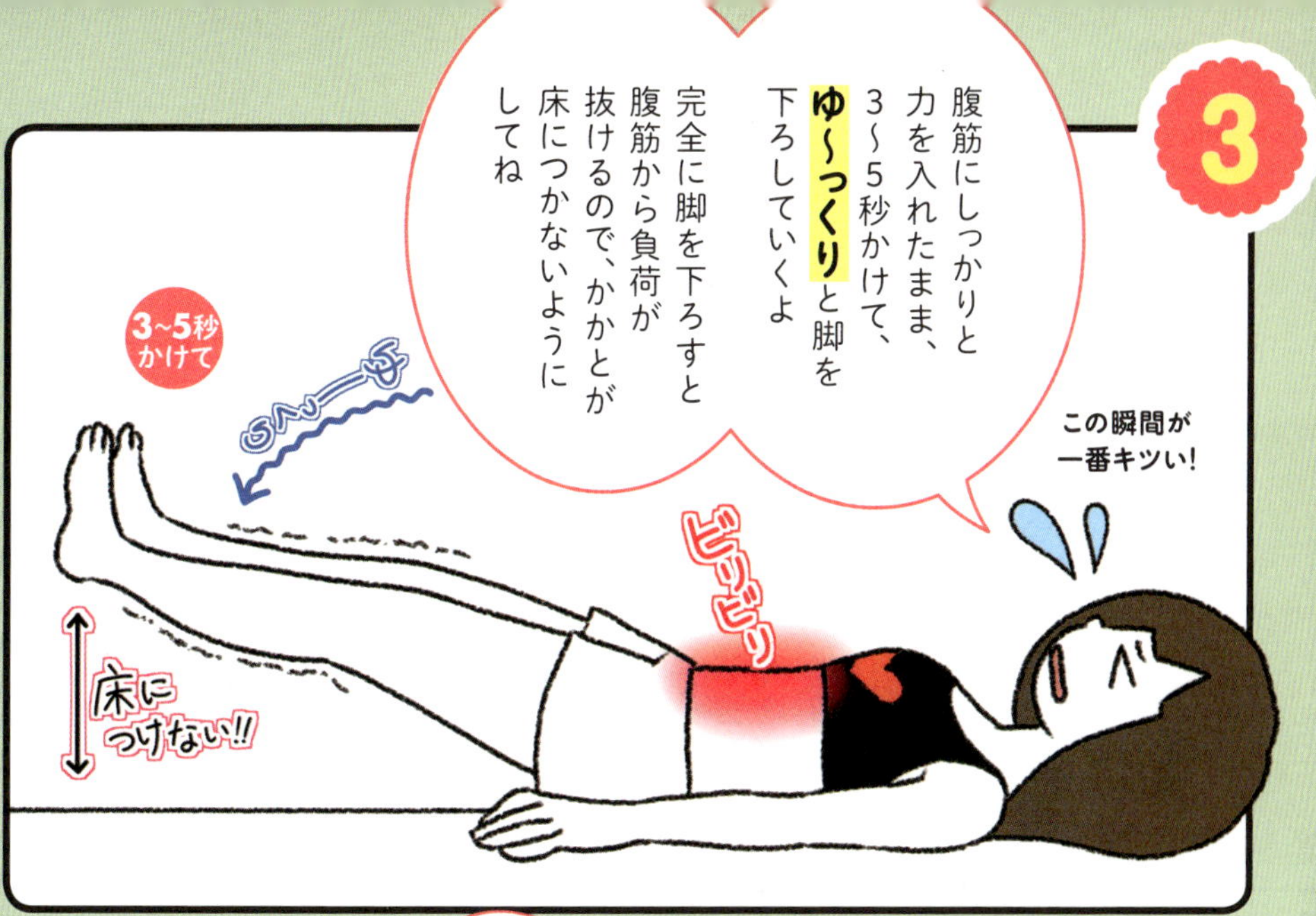

❷〜❸を10回、インターバルを30秒〜1分はさんで3セット繰り返します

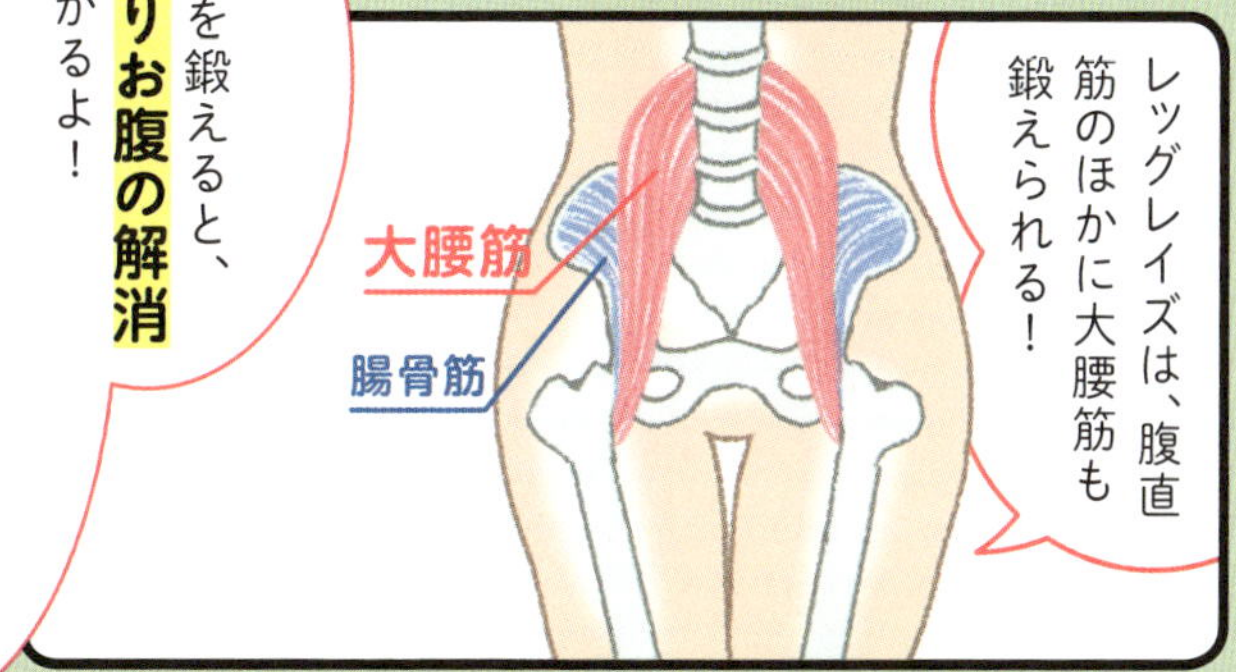

ぽっこり下腹部を引き締めるトレーニング。初心者さんは❷で脚をゆっくり上げてしまいがち。それだと前ももに力が入って、前ももが張ってしまいます。ここは少し反動をつけて、パッと上げてしまってOK。

肝心なのは、❸で脚を下ろしていくときです。高い位置から脚を下ろしていく途中で、下腹の筋肉がビリビリするのを感じられるくらい、ゆ〜っくりと！

そして、キツいからと床に脚をつけてしまうと、筋肉が「休んでいい」と感じて、効果が半減してしまいます。お腹の力で踏ん張って。

Leg Raise

Q&A
もっと効かせるコツ

お尻の下に
両手をセット☆

Q
**レッグレイズをすると
腰が痛くなるんだけど、
どうしたらいい？**

お尻の下に両手を入れてみよう

脚を上げ下げするときに腰を反らした姿勢にならないよう、お尻の下に両手を敷くと、腰への負担が軽くなります。

ただし、もともと腰痛持ちの人はこの筋トレ自体を避けたほうがベターです。

Q
**どうしても、ひざが
曲がっちゃうんだけど、
それじゃ効果
ないよね…？**

ひざ裏をストレッチしよう

ひざが曲がってしまっても、しっかり脚を上げれば、ちゃんと効くから大丈夫！

より効果を高めたいなら、筋トレ前にひざ裏のストレッチをしよう。ひざをぴんと伸ばした状態で立ち、両手でひざをぐぐっと押さえつけてみて。ひざ裏が伸びて痛気持ちいい感覚があればOKだよ。

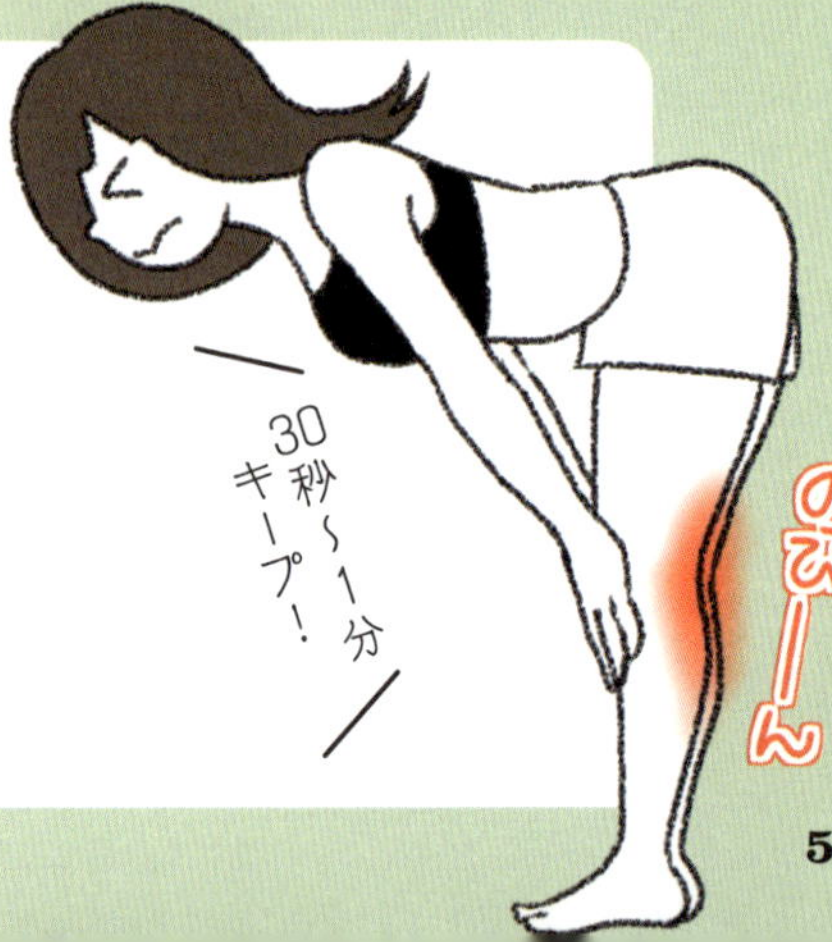

30秒〜1分
キープ！
のびーん

トリビア

腹筋した直後に鏡を見ると、お腹が割れているのはなぜ!?

トレーニングで筋肉に負荷を与え続けると、鍛えた部分に血液やリンパ液などが集中して、一時的に筋肉がパンパンにふくれ上がることがあります。**この現象を「パンプアップ」と呼ぶ**よ!

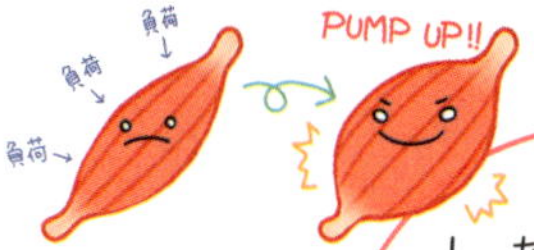
負荷
負荷
負荷
PUMP UP!!

腹筋した直後にお腹がバキバキに割れて見えることがあるのは、パンプアップしてたからなのね

思わず自撮りしたくなるお腹の完成っ♡
腹筋盛れた♡
筋トレ後…
パンプアップするまで頑張るぞ～

慣れてきたら

ウェイトをプラス!

腹筋が強くなってきたら、足首にアンクルウェイトを巻きつけて、さらに負荷を高めていこう。

1kgの重さが加わるだけでも、すご～く効くよ!

Leg Raise

お腹を割りたい人の必須種目!

クランチ

〔目標回数〕
15回 × 3set

〔インターバル〕
30秒〜1分

1

たたんだタオルや枕などを腰の下に敷いたら、あお向けに寝て、ひざを立てます。両手は頭の後ろで組んでね

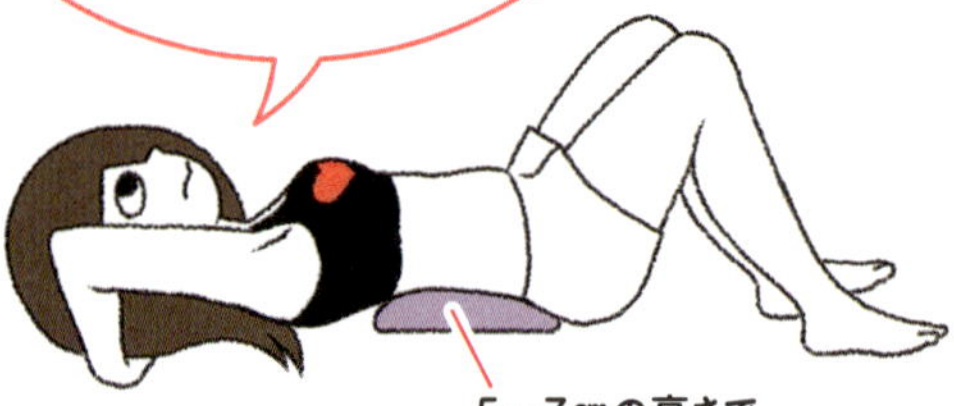

ココに効く!

腹直筋上部
（お腹）

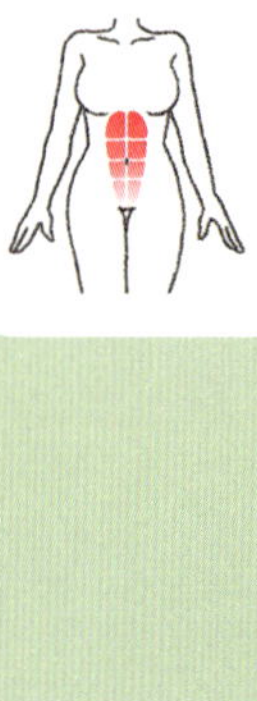

2

お腹に力を入れながら、**背中をぐっと丸めて体を起こす**よ

上体は、完全に起こしきらないこと。手の力を使わず、胸をおへそに近づける感覚です

背中を起こすのではなく、丸めるイメージ!

上体を完全に起こしきると、腹直筋が休んじゃう!

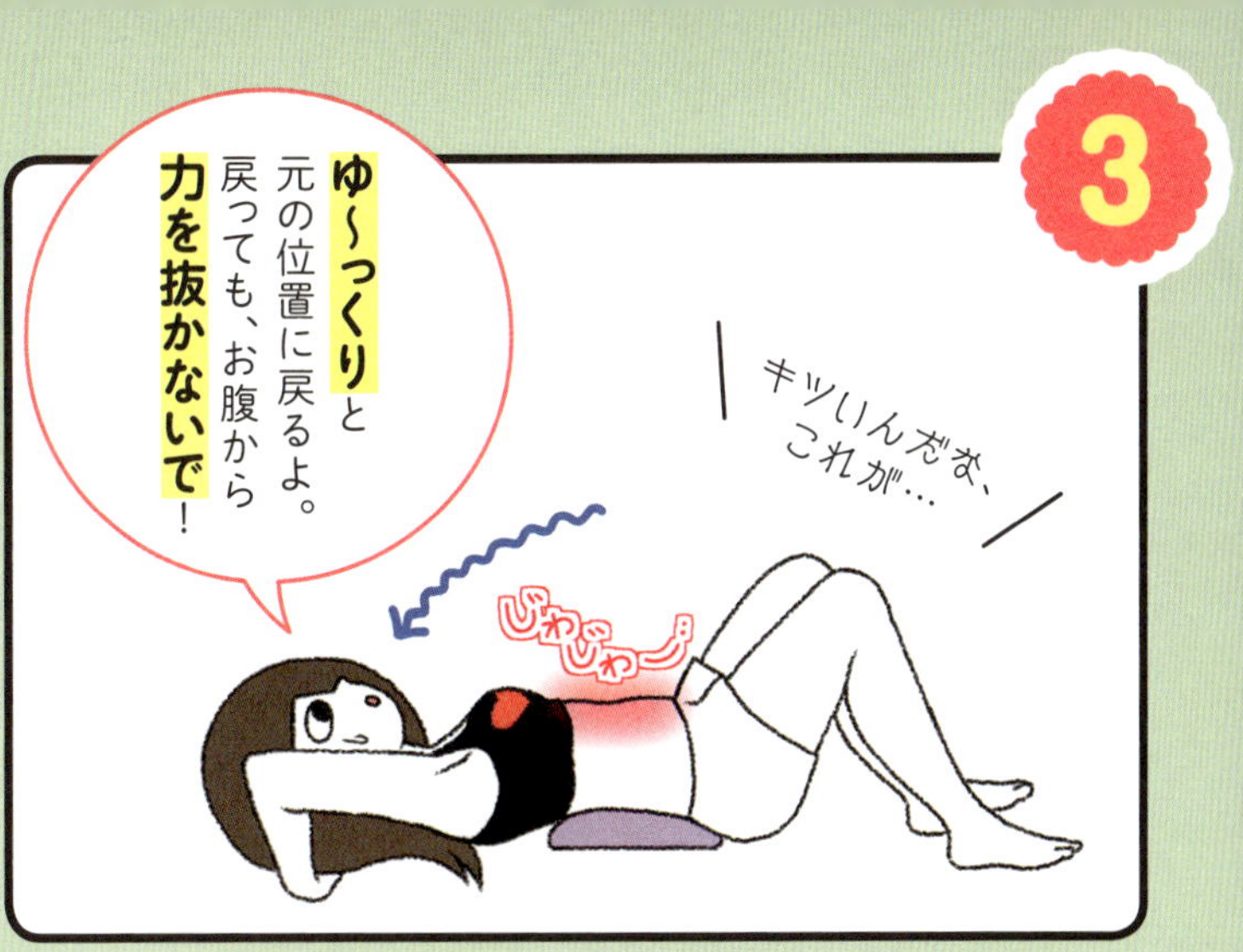

②〜③を15回、インターバルを30秒〜1分はさんで3セット繰り返します

腹直筋の上部を効果的に鍛えるトレーニング。体育の授業で教わったような、いわゆる普通の「上体起こし」の腹筋と似ていますが、大きな違いがあります。それは「上体を完全には起こしきらない」こと!! このほうが負荷がしっかり入ります。

背中を丸めながらゆっくりと体を起こしていくと、腹直筋にビリビリくるのが感じられるはず。ビリビリこないなら、スピードが速すぎかも。上体を起こすときも、戻るときも、反動をつけずにゆっくり行ってください。お腹の力も絶対に抜かないこと。

Crunch

＼教えて／

愛ちゃん 腹筋の豆知識

重要なのは
頻度！

腹筋運動だけは毎日やってもOK!

腹筋はほかの部位とは違って、**疲労回復が早い**ので、毎日筋トレしても大丈夫。

筋肉がつきやすい代わりに落ちやすくもあるので、週1回30分腹筋運動するよりも、**毎日10分**ずつがベター。

お腹に力が
入らない〜っ
ぷるぷる…

お腹の種目は最後にやるべし!

スクワットや腕立て伏せなど、ほかの部位の種目でも腹筋は要。腹筋が疲れていると、力が入りにくくて、うまくできなくなってしまいます。だから腹筋は**必ずトレーニングの最後に**。

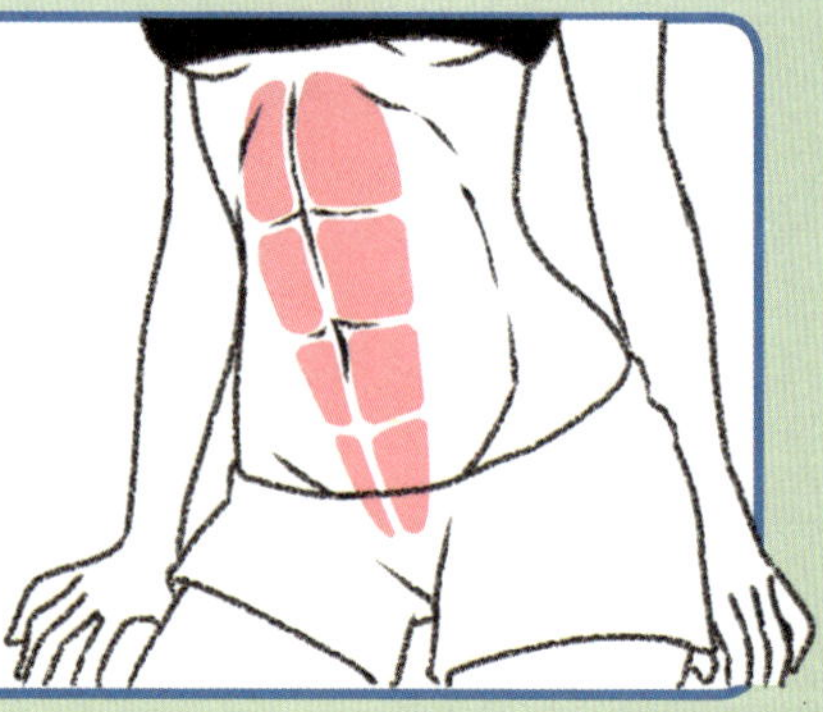

腹筋を割りたいなら、体脂肪も減らそう

実は腹直筋って、どんな人でも最初から**割れてる**んです！　でも、筋肉の上にたっぷりと脂肪がのっていたら、どんなに鍛えてもシックスパックにはなれません。割れた腹筋がほしいならダイエットで**皮下脂肪を薄く**することも必須です。

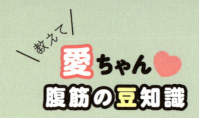

Q&A
もっと効かせるコツ

Q
腹筋運動をすると、なぜか首が痛くなる…

首の前と後ろ、痛いところで対処法は変わる

腹筋運動で首を痛める人は、無意識のうちに首に力を入れていたり、首の筋肉を無理やり伸ばしてしまっていることが原因かも。首の後ろ側が痛くなりがちな人は、**両手を胸の前でクロスさせて**トレーニングしてみて。首の前側が痛くなりがちな人は、**手を頭の後ろで組んで、あごを鎖骨につけたまま**トレーニングすると、痛みが軽くなるはず。

慣れてきたら

バランスボールでトライ!

バランスボールの上に腰をのせてクランチをすると、可動範囲が広くとれて、腹直筋への刺激が強くなるよ! 通常のクランチとの違いを比べてみてね♡

やり方は同じだけど、もっと腹直筋にビリビリくる~っ
壁の端に足をつけると、バランスがとりやすい

Crunch

やせ筋5

広背筋《こうはいきん》・大円筋《だいえんきん》

背中の「浮き輪肉」。
自分で見えないからって
油断しすぎじゃない？

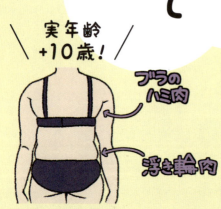

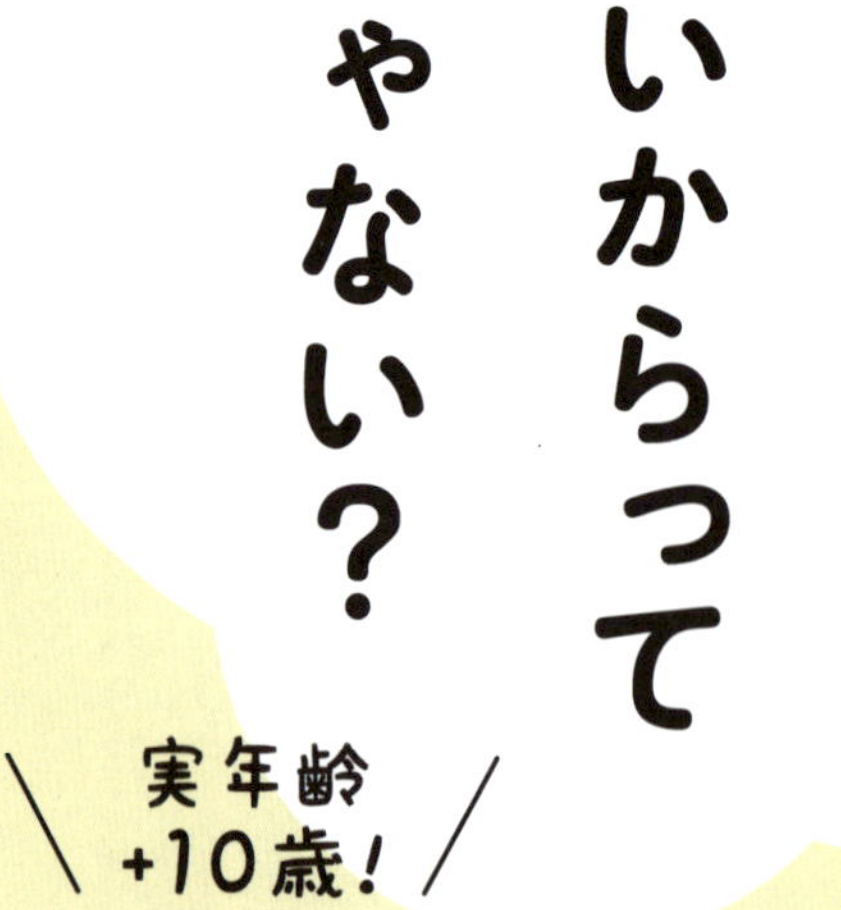

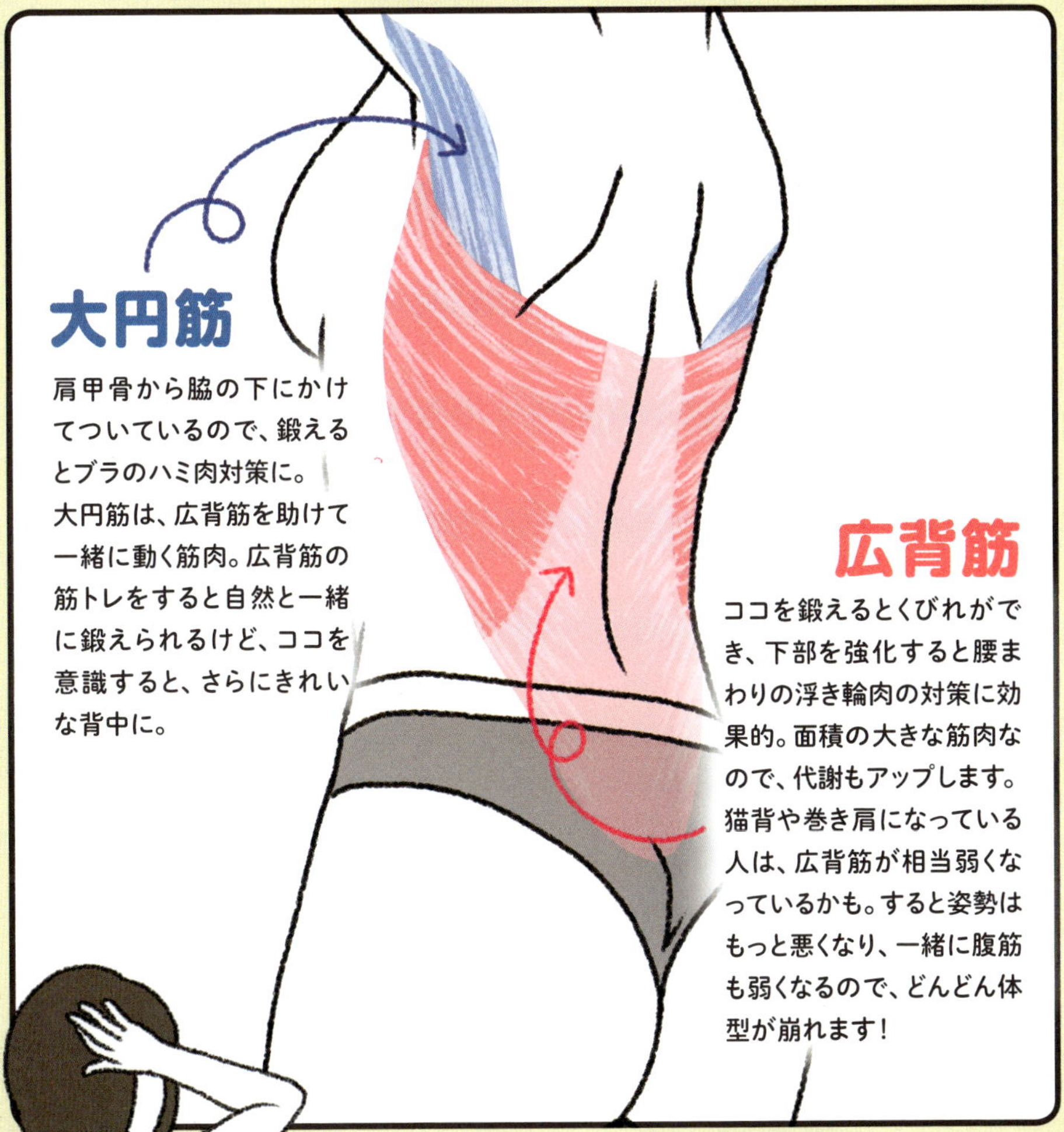

大円筋

肩甲骨から脇の下にかけてついているので、鍛えるとブラのハミ肉対策に。

大円筋は、広背筋を助けて一緒に動く筋肉。広背筋の筋トレをすると自然と一緒に鍛えられるけど、ココを意識すると、さらにきれいな背中に。

広背筋

ココを鍛えるとくびれができ、下部を強化すると腰まわりの浮き輪肉の対策に効果的。面積の大きな筋肉なので、代謝もアップします。

猫背や巻き肩になっている人は、広背筋が相当弱くなっているかも。すると姿勢はもっと悪くなり、一緒に腹筋も弱くなるので、どんどん体型が崩れます！

※広背筋は背中下部を覆う幅広い筋肉で、腕と腰部と骨盤を結びつける働きがあります。肩甲骨から脇の下にある大円筋とともに働き、肩関節の動きにも関与します。

こんな人は鍛えてね

- 後ろ姿がすっかりオバサン
- 腰の浮き輪肉が落ちない
- 背中のお肉がたるんでいる
- ウエストにくびれがない
- ブラをつけるとハミ肉が…

ダンベルベントオーバーロウ

「天使の羽」の出た、美しい背中に！

〔目標回数〕
12回
×
3set

〔インターバル〕
2分

1

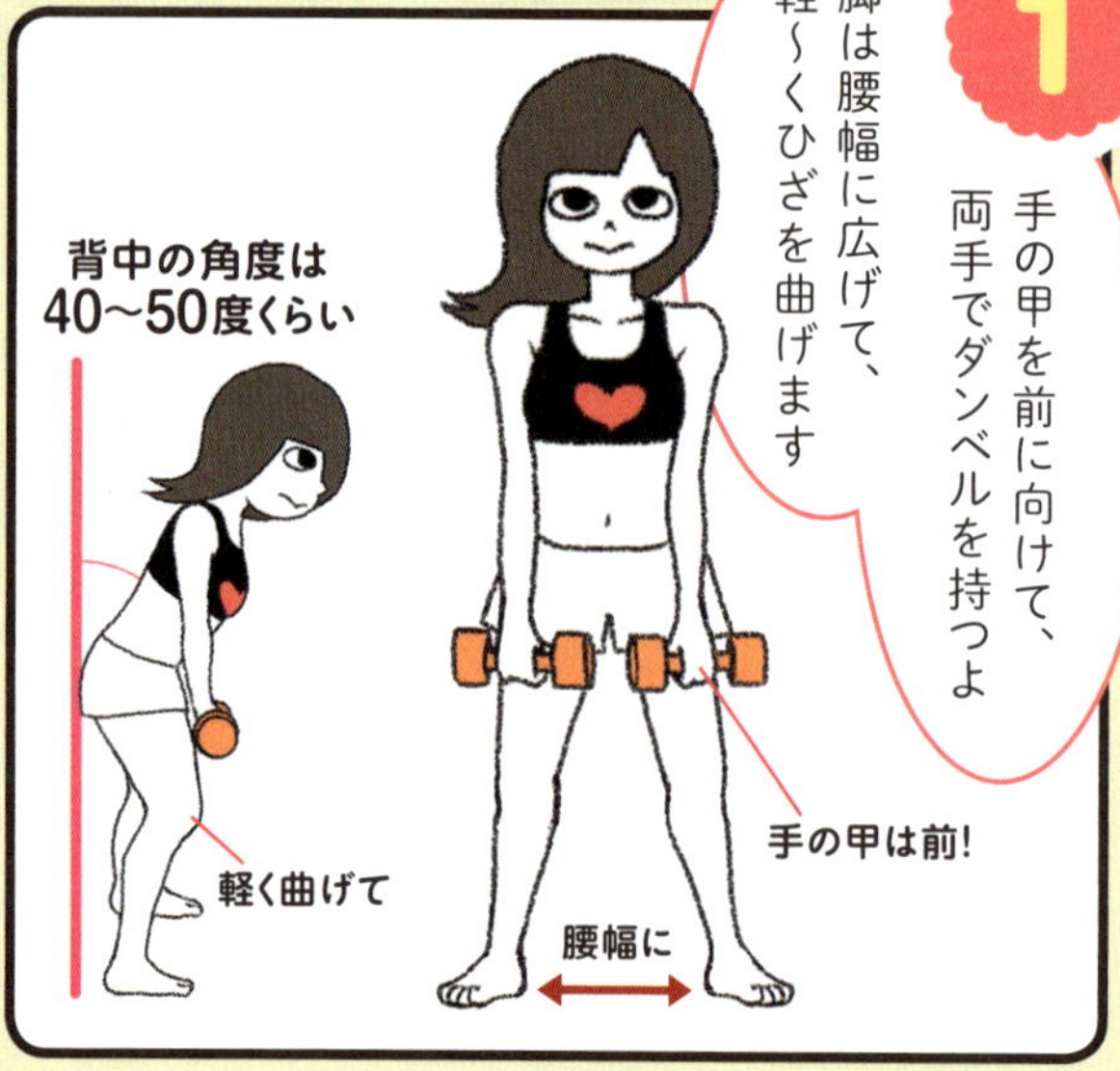

2

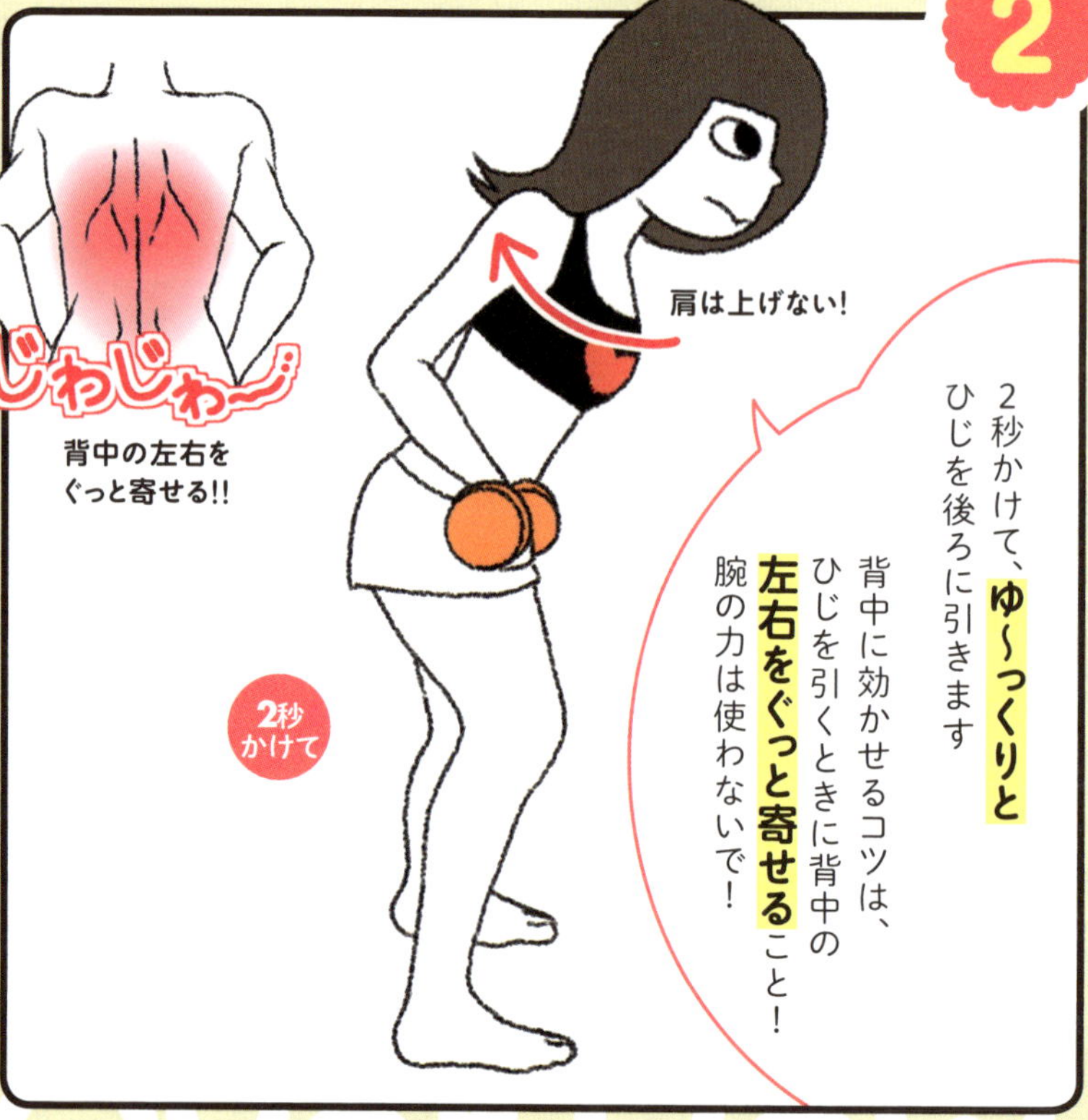

ココに効く!

広背筋
大円筋
（背中上部）

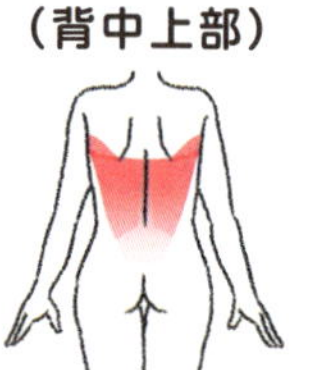

Over Row

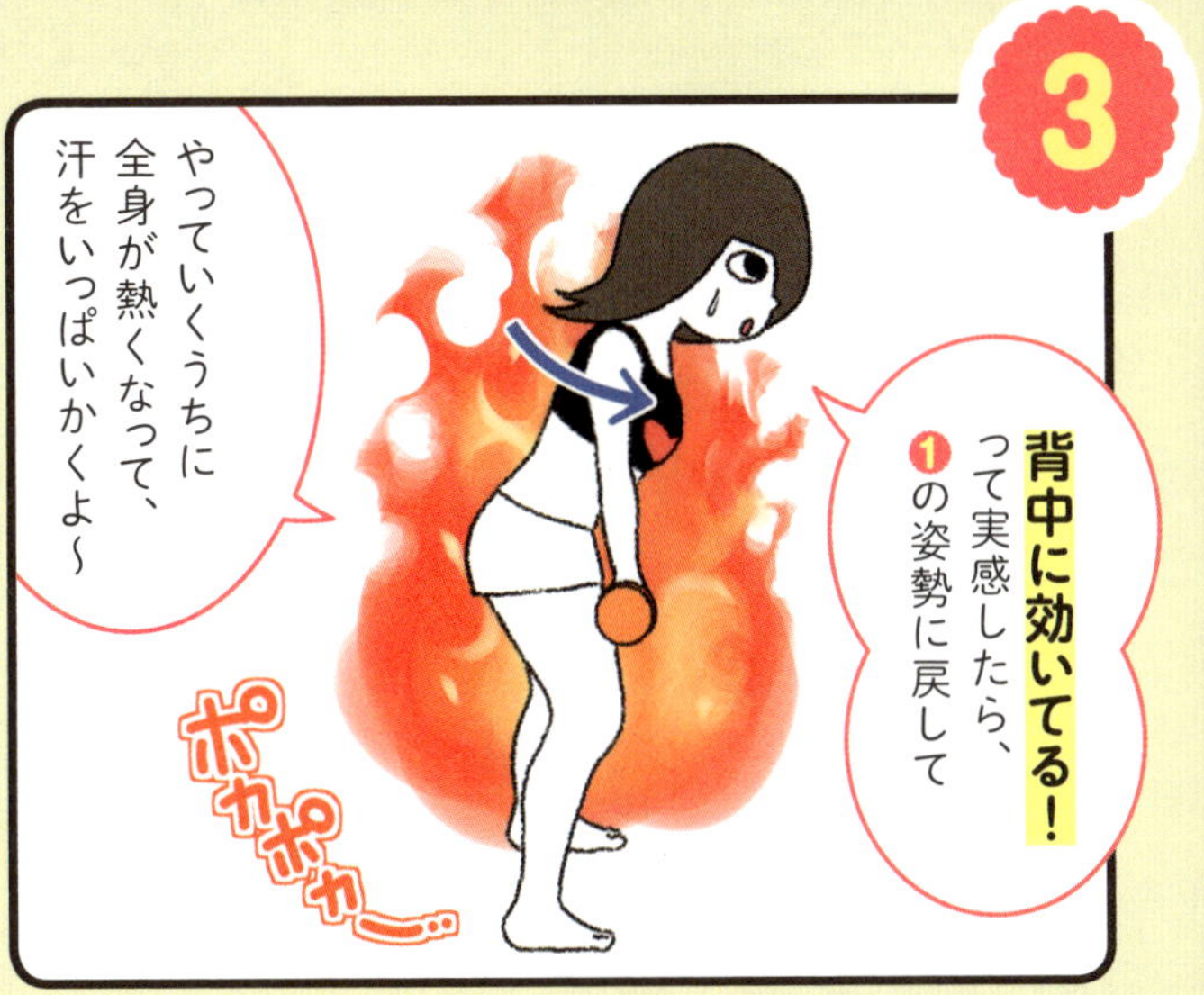
3
やっていくうちに全身が熱くなって、汗をいっぱいかくよ〜
背中に効いてる!って実感したら、❶の姿勢に戻して
ポカポカ〜

❶〜❸を12回、インターバルを2分はさんで3セット繰り返します

背中美人こそ、真の美人だよね♡

握り方を変えると、効果も変わる!

ハミ肉対策なら

順手

手の甲を前に向けて握ると、脇を広げやすくなるので、背中上部に効かせられるよ。あえて親指を使わずに持つと、より背中の筋肉に効きやすく!

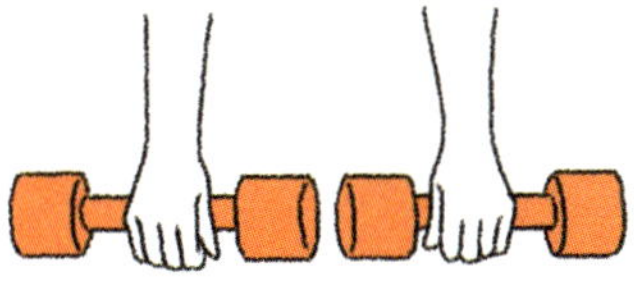

浮き輪肉対策には

逆手

手のひらを前に向けて握ると、ひじ同士が寄りやすくなるので、背中下部に効かせられます。腰周りの浮き輪肉にもアプローチしやすい!

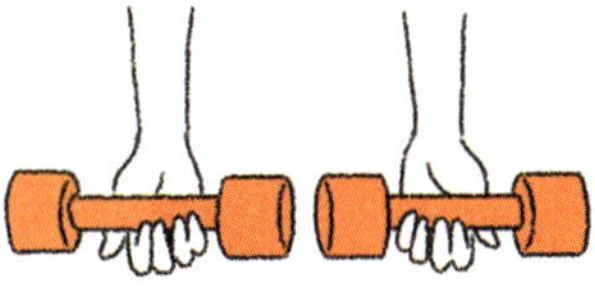

私が筋トレを始めたとき、効かせ方がわからなかったのが、この背中のトレーニングです。

猫背や巻き肩など、普段の生活で背中の筋肉を使えていない人は、背中が硬くなっていて動かしにくいはず。

ダンベルを後ろに引くとき、ひじをスッと引いてしまうと、全然背中に効きません。背中を内側にぐっと寄せ、その動きで自然とひじが後ろに引けていくイメージです。

慣れないうちは「背中に効いてる」と実感できるまで、じっくりと。「天使の羽」と呼ばれる、肩甲骨のでたきれいな背中になれるはず!

Q&A
もっと効かせるコツ

肩は絶対に!!
下げてね

Q
背中のトレーニングのはずなのになぜか肩が痛くなる…

肩が上がらないように意識!
もしかしたら、ひじを後ろに引くとき、**無意識に肩が上がって**いるのかも。肩が上がると肩や首に力が入ってしまうし、背中を寄せにくいよ。**鏡を見ながら、肩を下げて、胸を張りながら**ひじを引くことを意識してみてね。

Q
背中じゃなくて二の腕ばっかり疲れるんだけど…

背中を寄せて、
持ち上げる!

残念。背中を使えてません
腕の力だけでダンベルを持ち上げちゃってるかも! この状態では背中には全然効きません。**あくまで背中主導!** 左右をぐっと寄せることで、ひじは自然と引き上がります。

Over Row

トリビア

背中のトレーニング前に胸のストレッチをして、効果アップ♡

ダンベルベントオーバーロウは、背中を寄せるときに胸を開くような動作になるので、胸の筋肉をよく伸ばしてから行うと、とてもやりやすくなります！

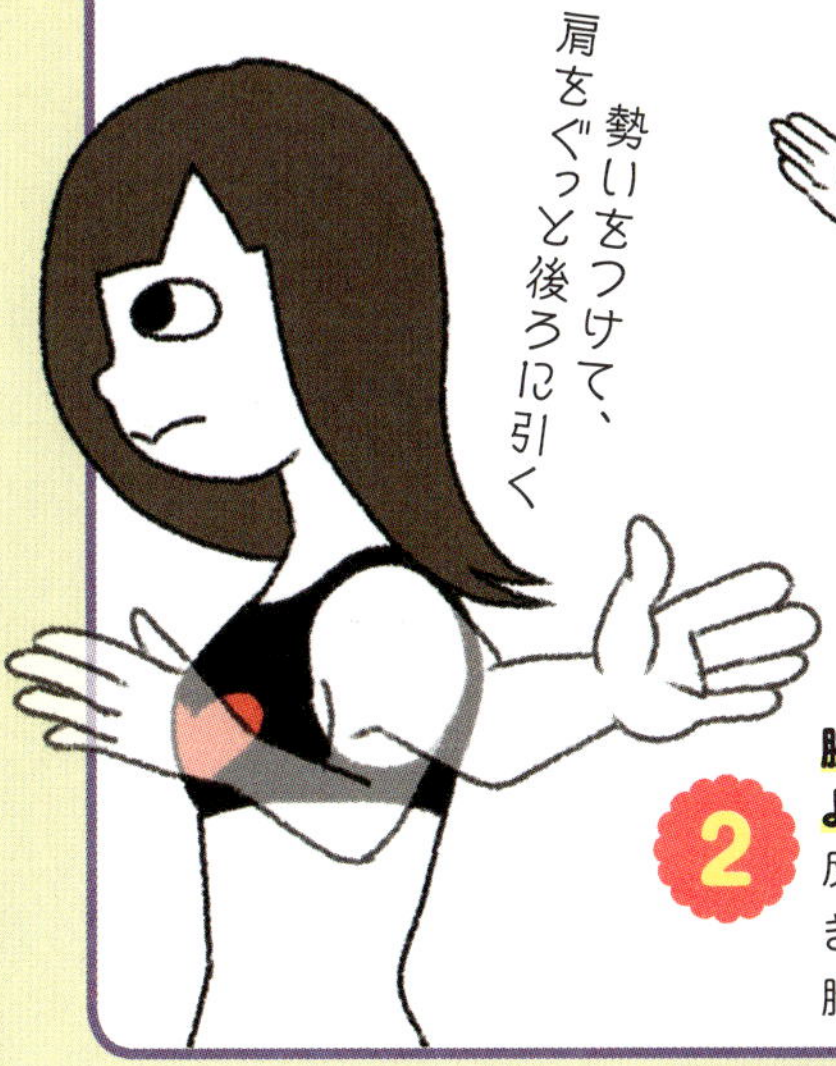
勢いをつけて、
肩をぐっと後ろに引く

1 手のひらを前へ向けて、ひじを軽く曲げた状態で、**両脇を開きます。**

2 **腕を肩ごと後方に、パタパタとあおぐように動かします。**
反動を使って、肩をぐっと後ろに引きながらあおいでね。気持ちよ〜く胸筋が伸びて、胸がラクに使えるよ。

くう〜
キッツ〜い!!
2秒キープ

慣れてきたら

もっとキープ！

ダンベルが同じ重さでも、キープ時間を長くするだけで、負荷がぐっと高まります。慣れてきたら、ひじを引いたときのキープ時間を長くしていこう。

Dumbbell Ben

背中下部を狙い打ちして、浮き輪肉を撃退！

ツイストバックエクステンション

〔目標回数〕
10回
×
3set

〔インターバル〕
2〜3分

1

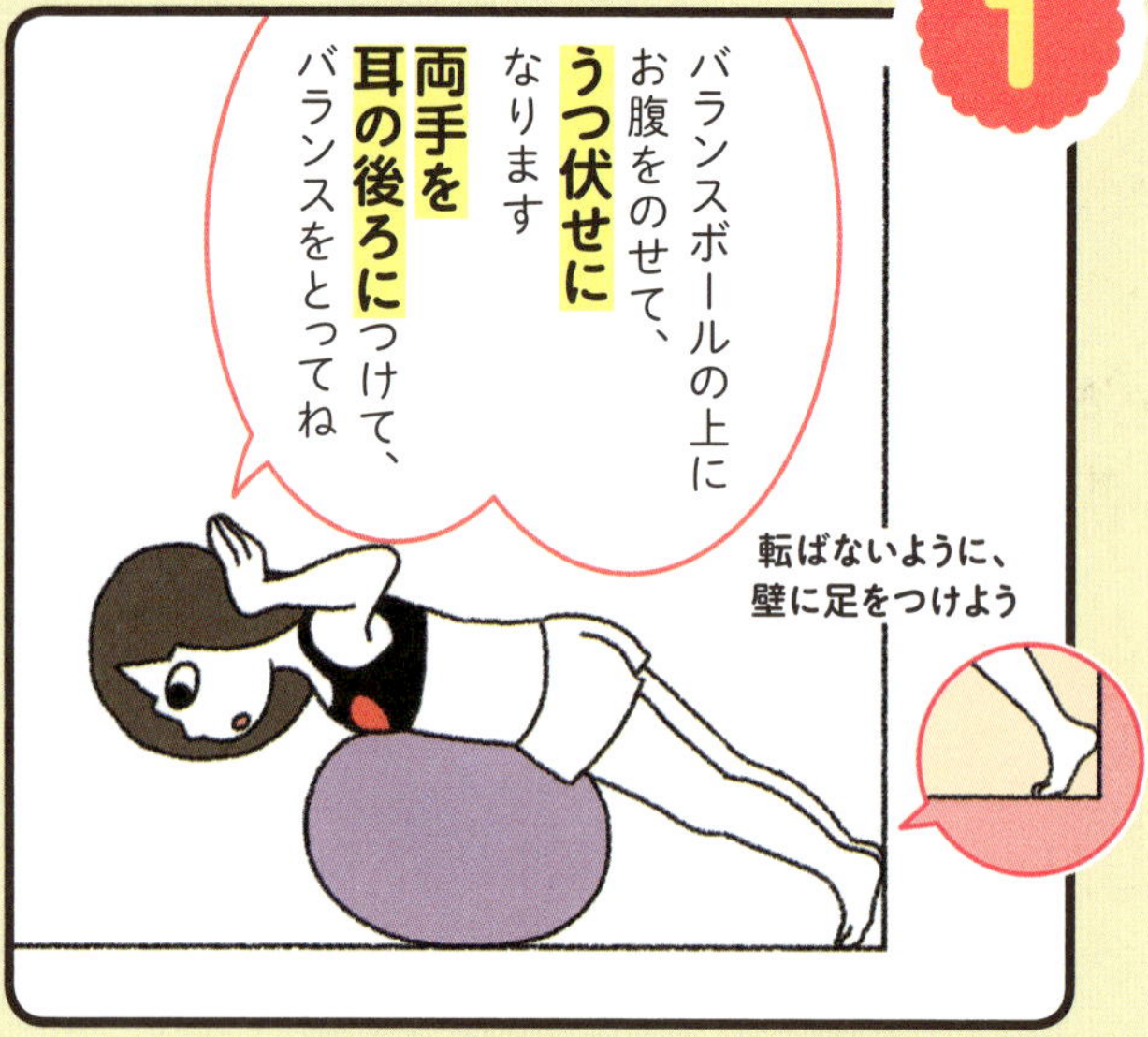

2

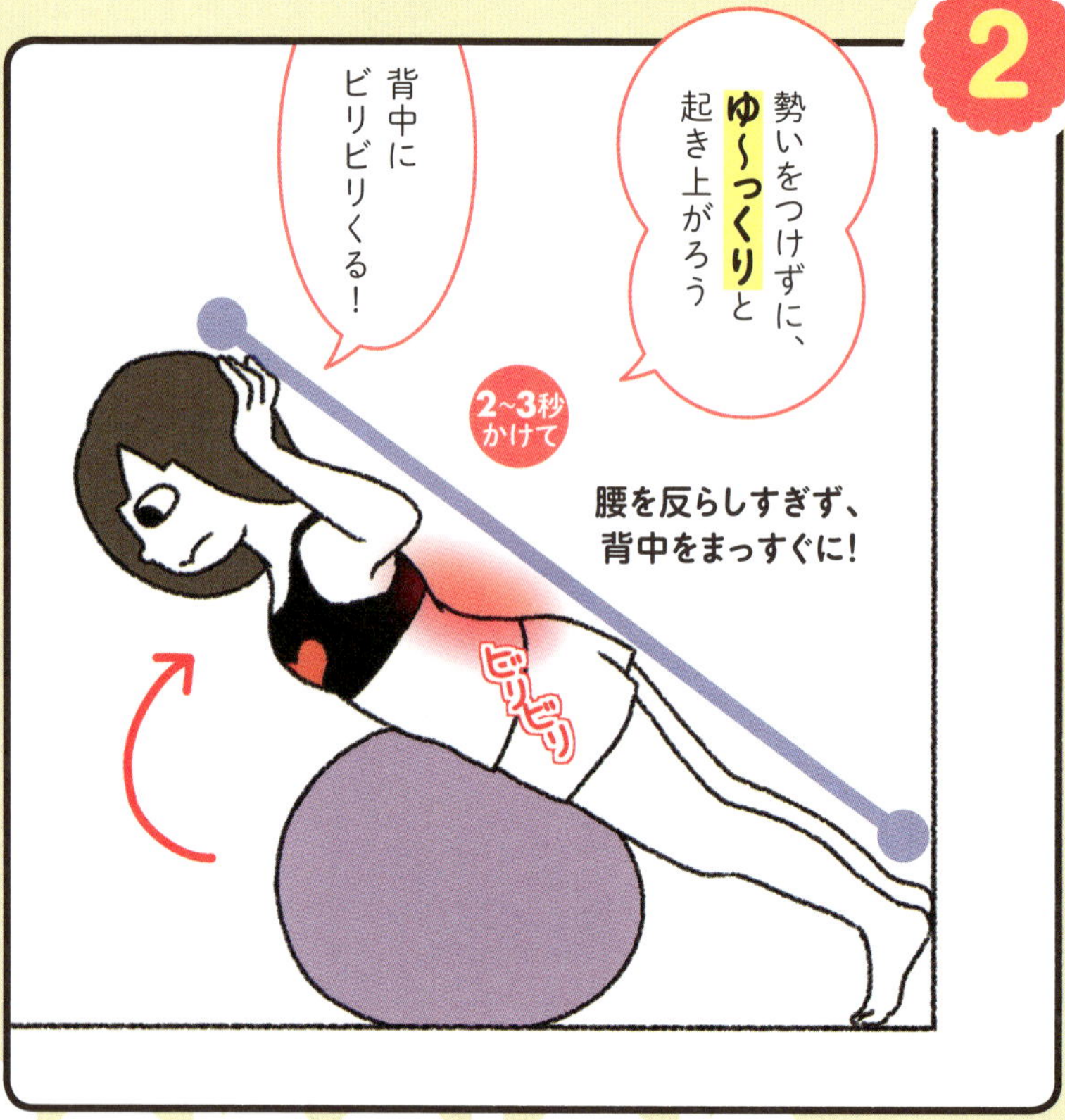

ココに効く！

広背筋
（背中下部）

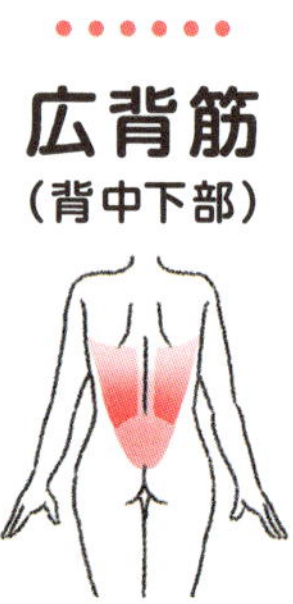

❶〜❸を10回行ったら、インターバルを2〜3分はさんで3セット繰り返します

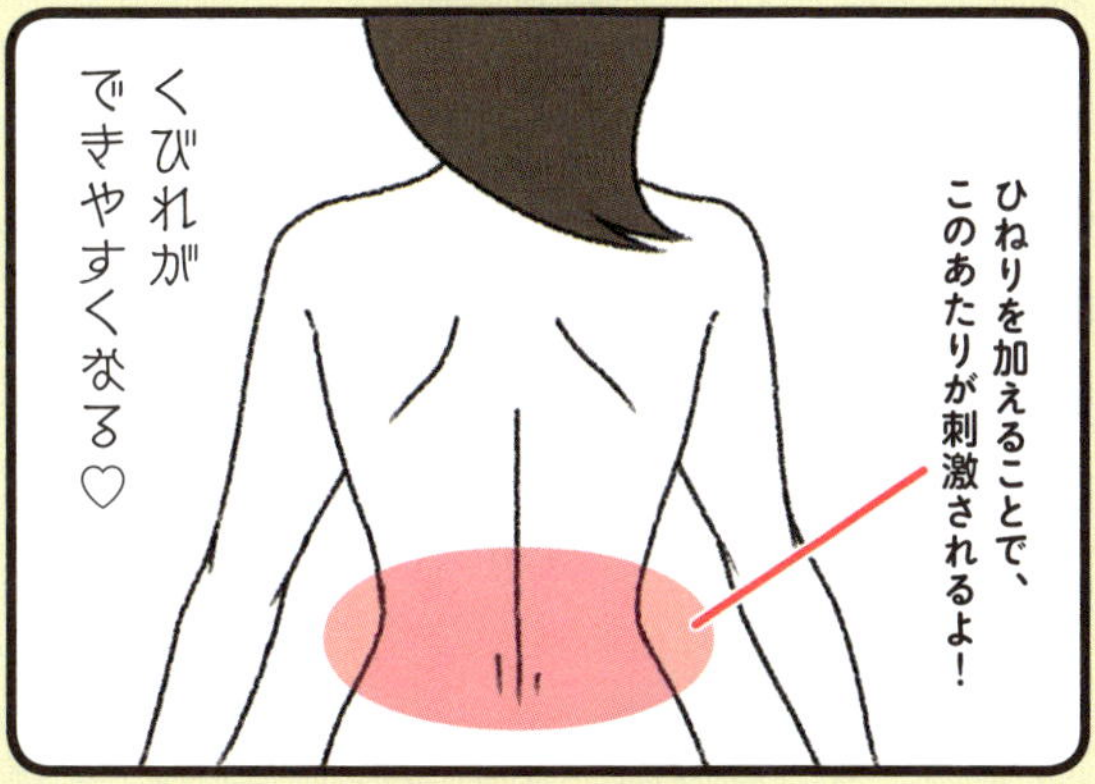

後ろ姿にメリハリがなくてたるんでいると、一気に「オバサン体型」まっしぐら。

後ろ姿のくびれを作るには、広背筋のうち、下部を集中的に鍛えること。そのために、バランスボールが便利です。

人の体は構造上、うつ伏せから上体だけを起こすのが難しいのですが、バランスボールを使えば、体を起こすのも、起こしたままひねるのも、ぐっとラクになります。

ボールは、体をのせたときに軽くつぶれるくらいの張り感で使うと安定しやすくなります。壁に足をつけ、しっかり体を支えながら行いましょう。

Twist Back E

Q&A

もっと効かせるコツ

お腹に力を入れて、
上体を支えて！

Q

体を起こしていると腰が痛くなってくるんだけど…

反動をつけない&反らしすぎない!

上体を反らしすぎると、腰を痛める原因になります。反動をつけると、どうしても反らしすぎてしまうので、**必ずゆっくり**と起き上がります。腰で支えるのではなく、**腹筋で上体を支えよう**!

Q

ひねりの動作のときに転びそうになるけど、どうしたらいい?

まずは練習★

慣れるまではひねらなくてもOK

ひねるのが苦手で転びそうになるなら、まずは**ひねらずに上体を起こすだけでもOK**！　そのうちに広背筋が鍛えられて、筋力がついてきます。グラグラしないだけの筋力がついたら、少しずつひねりを加えてみてね。

xtension

意外と知らない!?

バランスボールの選び方

「アンチバースト」タイプがオススメ!

「アンチバースト」とは、万が一、ボールに穴が開いてしまったときでも、破裂しないように工夫されたタイプのこと。少しずつ空気が抜けていく作りになっています。破裂した拍子に、体が床にどすんと落ちる心配がなく、安心です。

なるほど〜

身長に合うサイズのボールを選ぶとフォームが安定するから怪我しにくいよ!

身長	ボール(直径)
150cm未満	45cm
150〜170cm未満	55cm
170cm以上	65cm

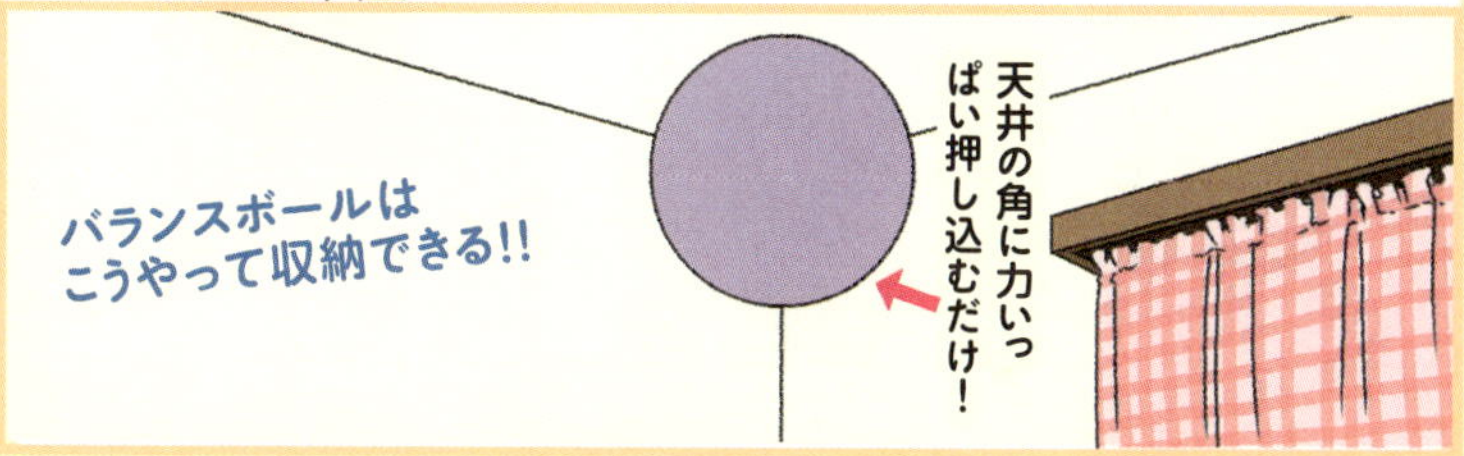
バランスボールは
こうやって収納できる!!
天井の角に力いっぱい押し込むだけ!

慣れてきたら
ウェイトをプラス!
ダンベルなどの重りを持ちながらやると、負荷が強くなるよ!
ひとつのダンベルを両手で持って、頭の後ろに当てるようにするとやりやすい♪

Twist Back E

背中の筋トレ直後の「追い込み」トレーニングで効果アップ! **シメトレ!!**

もうダメ…背中が痛くて死にそう
愛ちゃん、しっかり!
頑張って背中を仕上げよう!

背中を追い込む タオルローイング

〔目標回数〕**10回×3set** 〔インターバル〕**30秒**

1

うつ伏せになり、
両手でスポーツタオルの端を握る。
上半身を少し床から浮かせます

ぴんと伸ばして
こんな感じで
持ってね!

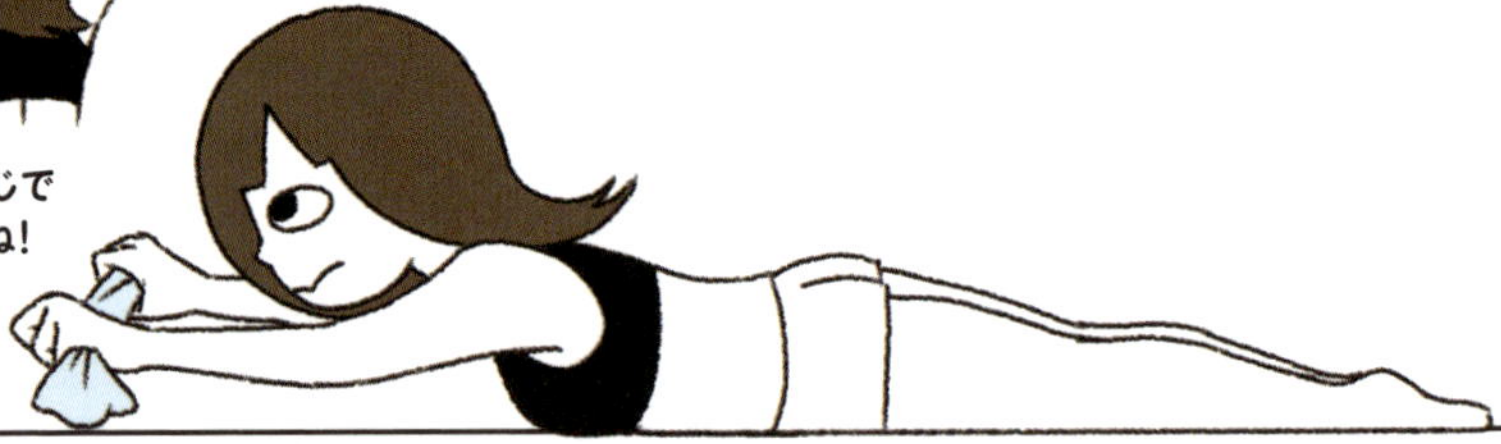

2

肩甲骨を寄せる意識で背中を反らしながら、
タオルを胸のほうへ、ぐっと引き寄せます

ぐいっ
肩甲骨を
寄せる意識!
ビリビリ…
ひざはつけたままで
両脚を上げる

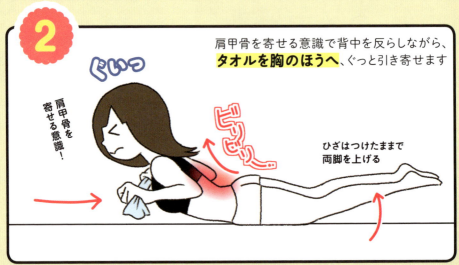

Towel Rowing

3

❶のスタートポジションに戻ります

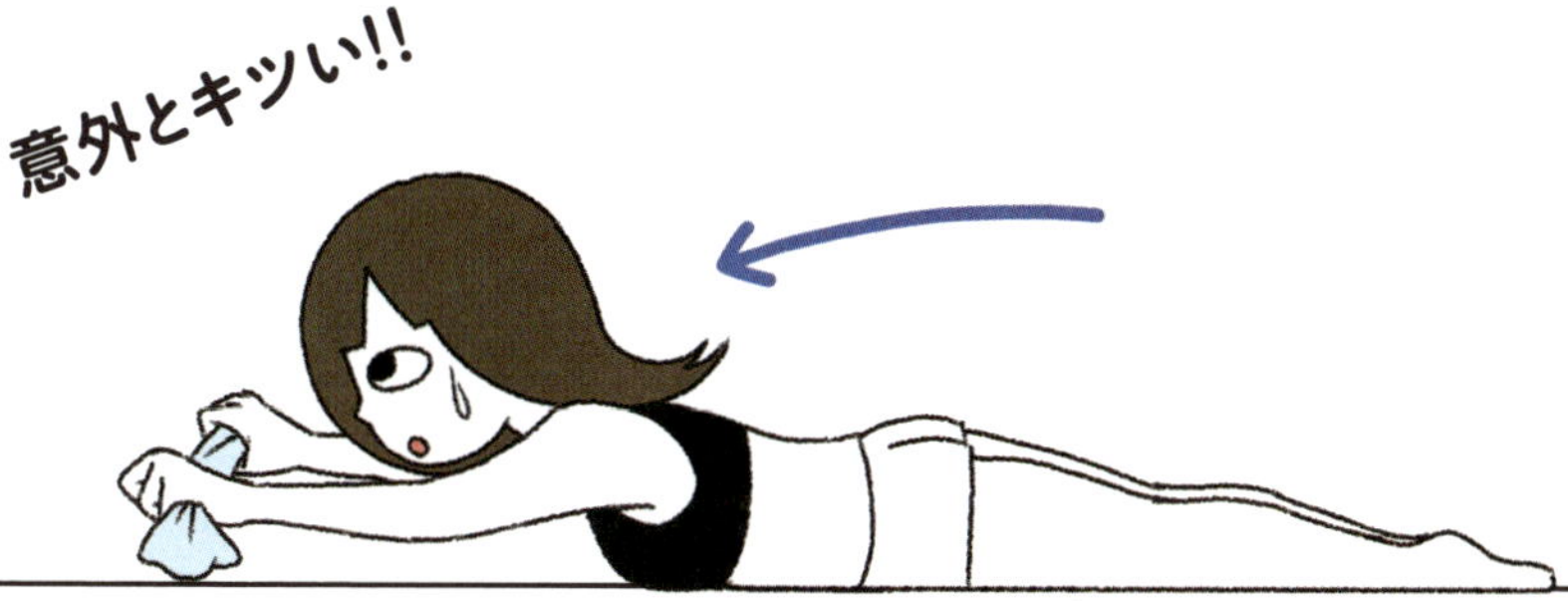

❶〜❸を10回、インターバルを30秒はさんで3セット繰り返します

POINT!

タオルは
思いきり、引っ張って!
そうすると肩甲骨が
寄せやすくなって、
背中への刺激を
感じやすいよ

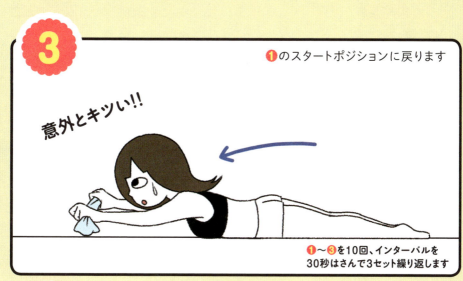

筋トレ女子あるあるその2

トレーニーの日常あるある。ボディをつい自慢したくなれるって、幸せだよね♡

ダイエットレシピのレパートリーが幅広い

低糖質チャーハンいっちょ上がり！
ジャァァァ…

カメラを向けられたときにスタイルよく見せるポージングがうまい

鏡を見て落ち込むことがなくなる

やせると**スキニー**を穿くのがたまらなく**楽しい**

体型を自慢できるので**夏が一番好き**

コンビニなどで**低カロリー**な**お菓子**を見つけるのが**得意**

やせ筋6

大胸筋《だいきょうきん》

「胸がない」って
諦める前に
バストは筋トレで
盛り上げる！

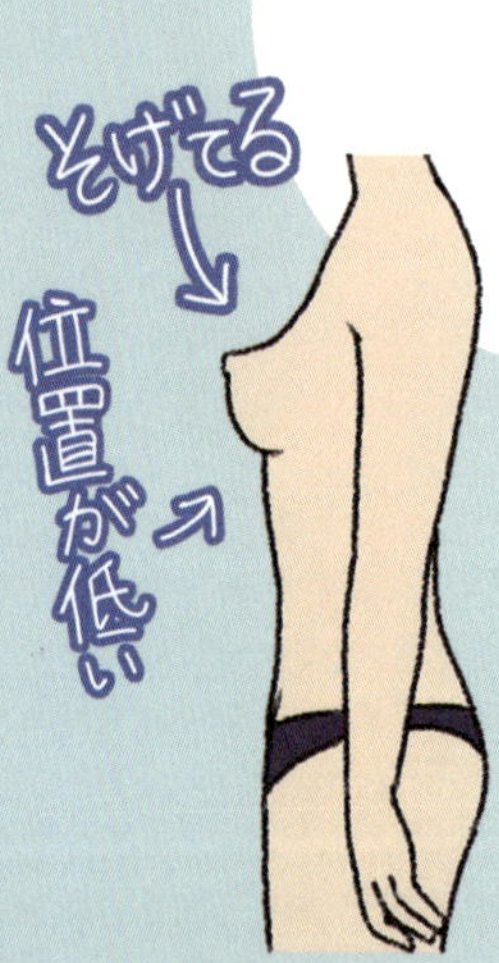

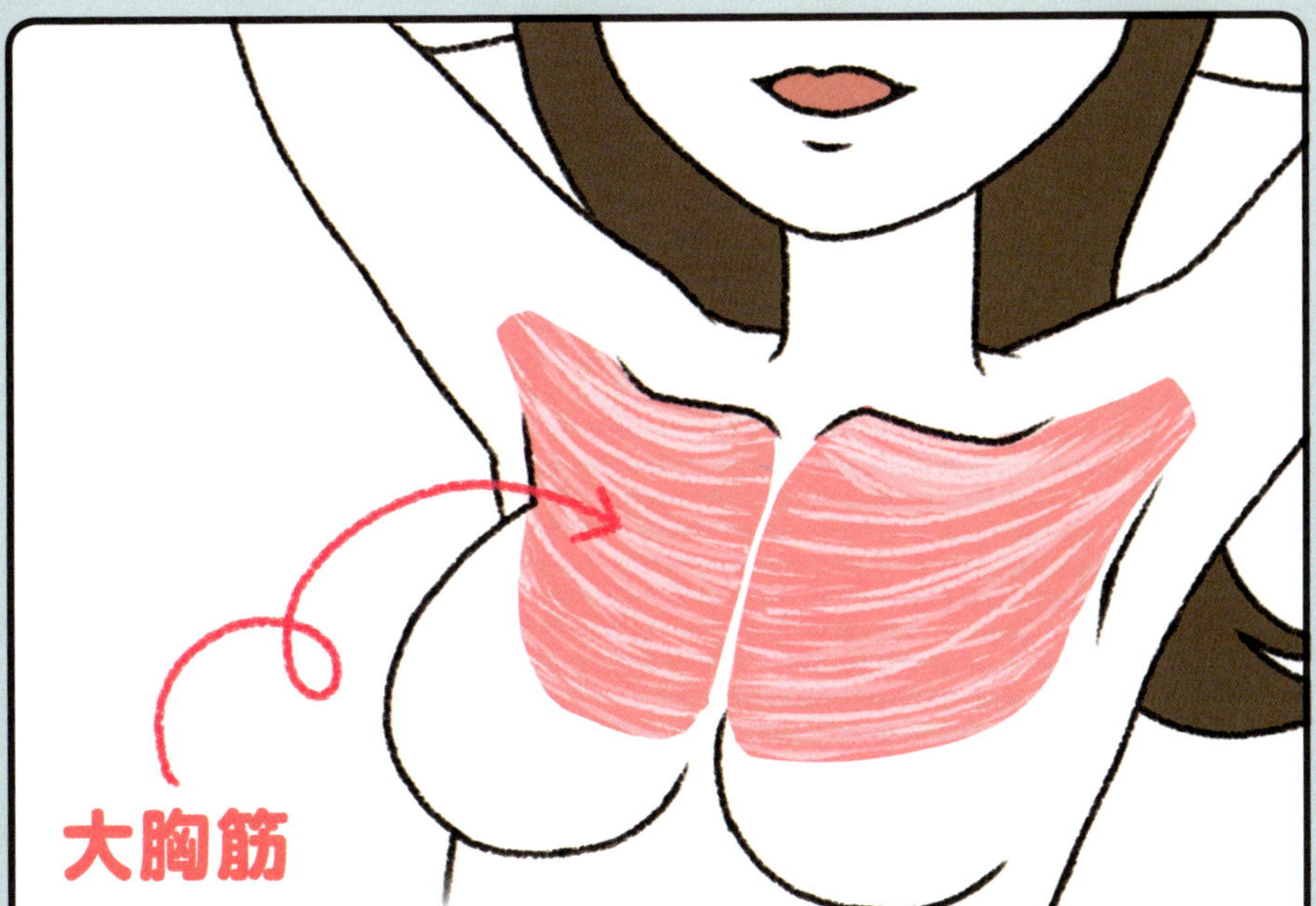

大胸筋

そげたような貧相な胸も、重力に負けて垂れ下がった胸も、ココさえちゃんと鍛えれば、ハリがあって、ふっくらと盛り上がったバストに。ただし鍛えすぎも禁物！　やりすぎると脂肪が燃えやすくなって、胸全体が小さくなるので、「ほどよく鍛える」さじ加減が大切。

※大胸筋は付着している部位によって「鎖骨部」「胸肋部」「腹部」で構成され、各部位の繊維は異なる方向に走っています。

大胸筋上部を鍛えれば
上向きの美バストに
生まれ変わる♡

こんな人は鍛えてね

- 胸が垂れている
- 胸にふくらみがない
- デコルテが貧相
- 猫背や巻き肩で悩んでいる

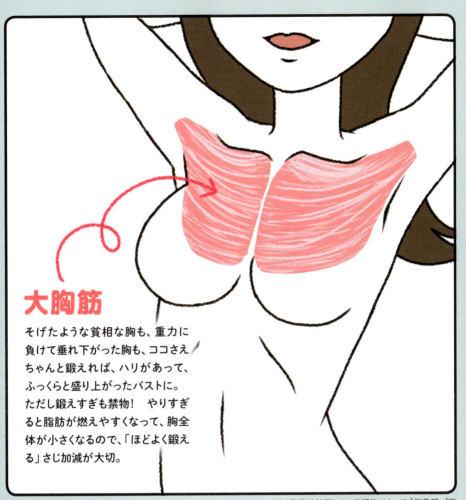

美乳メイクするならこれしかない！

ワイドプッシュアップ

〔目標回数〕
10回
×
2set

〔インターバル〕
2〜3分

ココに効く！

大胸筋
（バスト）

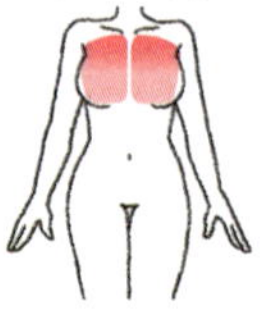

上腕三頭筋
（二の腕）

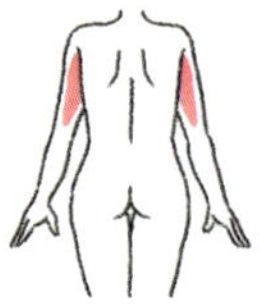

①〜③を10回、インターバルを2〜3分はさんで2セット繰り返します

プッシュアップは腕を鍛える種目と思っている人も多いですが、実は大胸筋を鍛えるためのトレーニングです。特にバストアップ目的なら、デコルテにある大胸筋上部のみ狙って効かせたいところ！

ポイントは、両手の幅を広くとること、そして沈むときに、両脇を開かないようにすることです。これを意識すると、肩甲骨を寄せながら自然とデコルテラインが開いて、上部に効かせやすくなります。逆に脇を開きすぎると、腕の力だけでトレーニングしてしまいがちになり、ムキッとした腕になってしまいます。

Wide Push-u

Q&A
もっと効かせるコツ

少しずつ慣らしていけば大丈夫★

Q

二の腕ばかりが疲れてしまって、大胸筋には効いてない気がするんだけど…

脇のところが筋肉痛になるならOK!

大胸筋は普段の生活で意識して使うことがないから、最初のうちは**筋トレの途中に「効いてるな」って感じにくいかも**。でも、フォームが合っていれば、ちゃんと効かせられるようになるから大丈夫！　後日、**胸のあたりから脇にかけて筋肉痛になれば、ちゃんと効いてる証拠**。

Q

腰が痛くなるって、私のやり方おかしい?

NG!!
ひざの位置が上半身に近すぎると…
腰が反れてしまう!!

ひざの位置を上半身よりも離してみて

ひざをお尻の真下について、四つん這いの姿勢でやってない?

ひざの位置が上半身に近すぎると、**腰が反れた体勢になりやすい**から、腰を痛めてしまいます。**ひざの位置をお尻よりも後ろにずらして**、やってみてね。

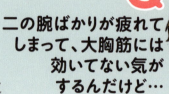

ダメ、絶対!!

やりがちNGポイント

沈むのが浅すぎる

浅く沈んでしまうと、**二の腕にばかり負荷がかかってしまう**んだ。深く沈めば、自然と肩甲骨が寄せられて、大胸筋に効きやすくなります。慣れないうちは沈みにくいけど、**肩甲骨を意識しながら続けて**みて。

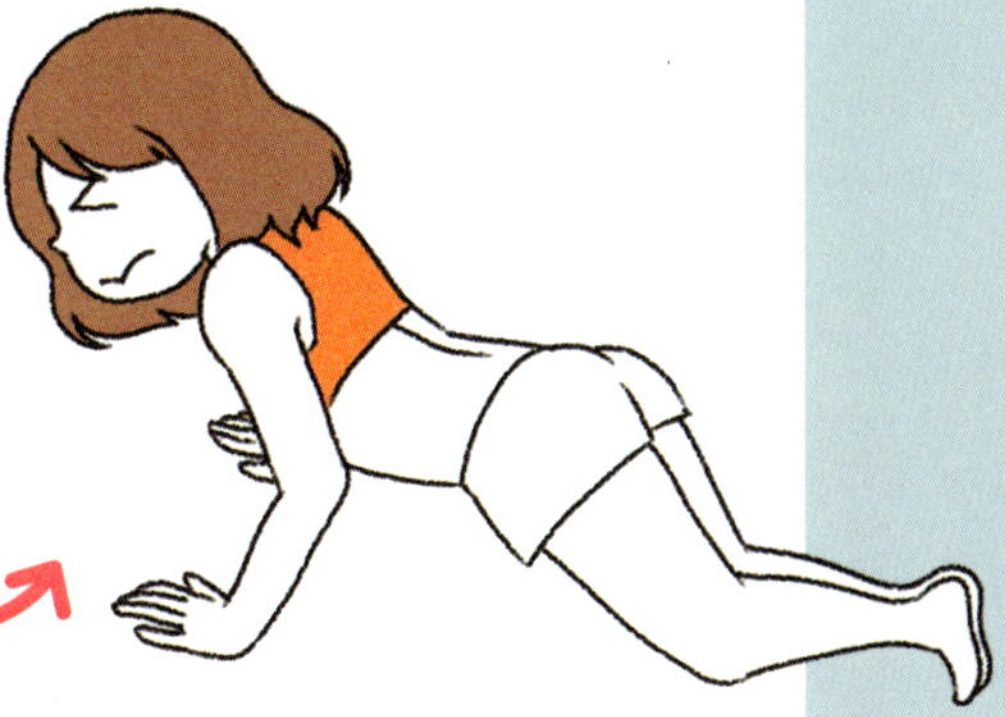

沈むスピードが速すぎる

すっと素早く沈んでしまうと、大胸筋がちゃんと鍛えられません。ゆっくりやることで、フォームも確認しやすいし、**大胸筋にしっかり負荷が入ります**。逆に、起き上がるときは速くてもOK！

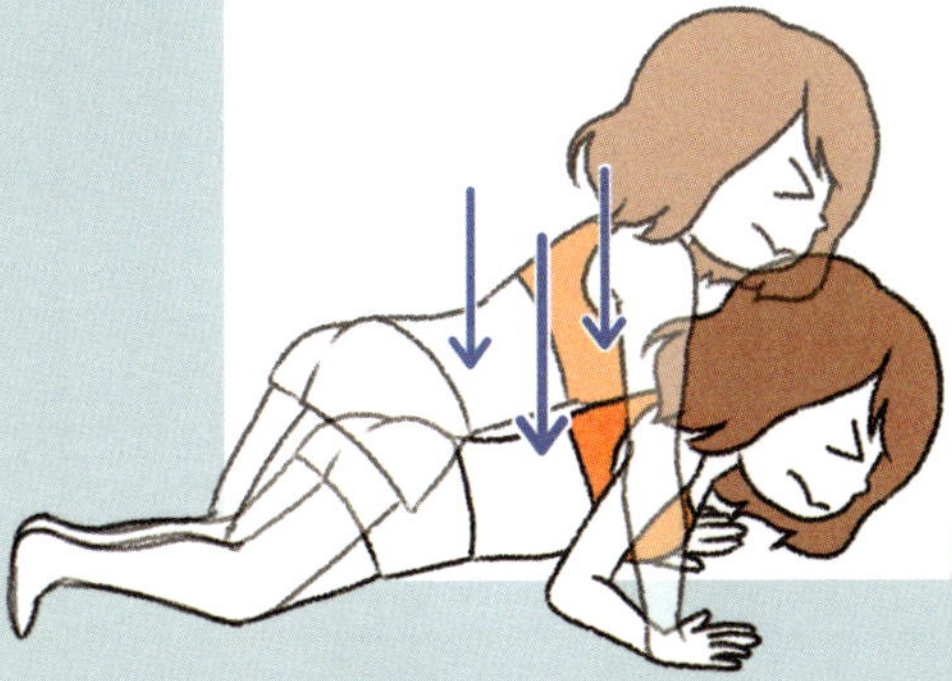

やりにくい人はここからトライ!

ひざをつけた姿勢だと、どうしてもうまくできない人は、ベッドやソファ、ローテーブルなどを使ってみるのも手！

ひざの高さくらいのものに手を置いてやってみてね。

手の幅を、肩幅の1.5倍に広げるのを忘れないで
うん、これなら私でもできそう…！

体はまっすぐ一直線に!

Wide Push-u

ワイドプッシュアップ直後の「追い込みトレーニング」で効果アップ！ **シメトレ!!**

バストを追い込む
ダンベルフライ

〔目標回数〕**10回×3set**　〔インターバル〕**30秒**

1

あお向けで寝そべったら、
背中を少し反らして、
床と背中の間に隙間を作ります。
両手でダンベルを握って、
両腕を真横に伸ばします

頭上から見るとこんな感じ！

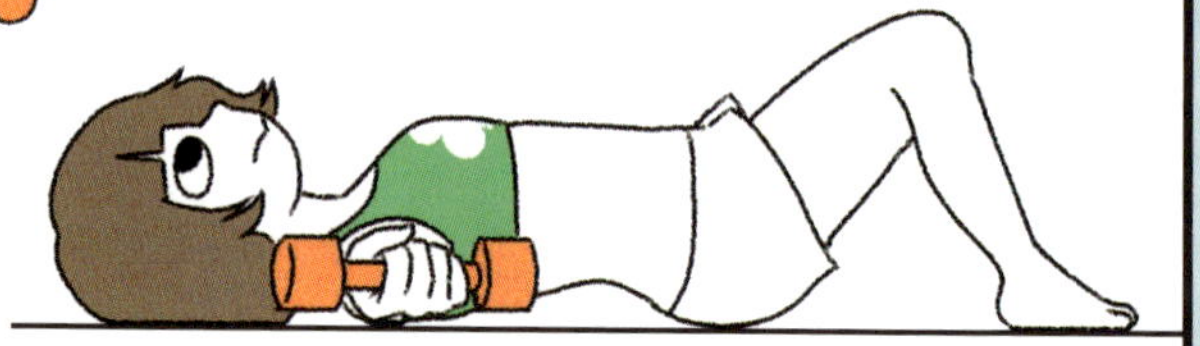

まずは**2**kg×**2**個
でチャレンジ！

2

少しひじを曲げて、腕を胸の真上に上げていきます。
ダンベルがもっとも高い位置にきたら1秒キープ

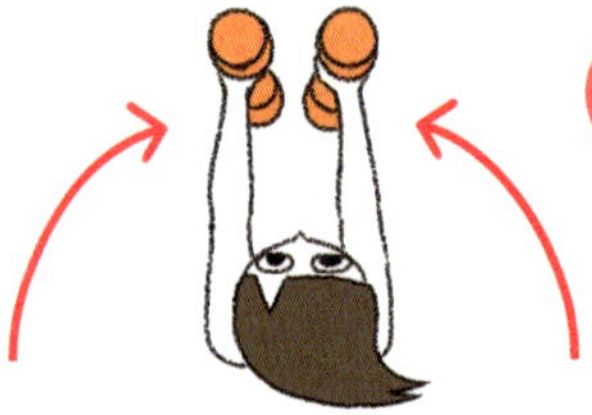

疲れてくると、だんだん
腕が上がらなくなって
くるけど頑張って！

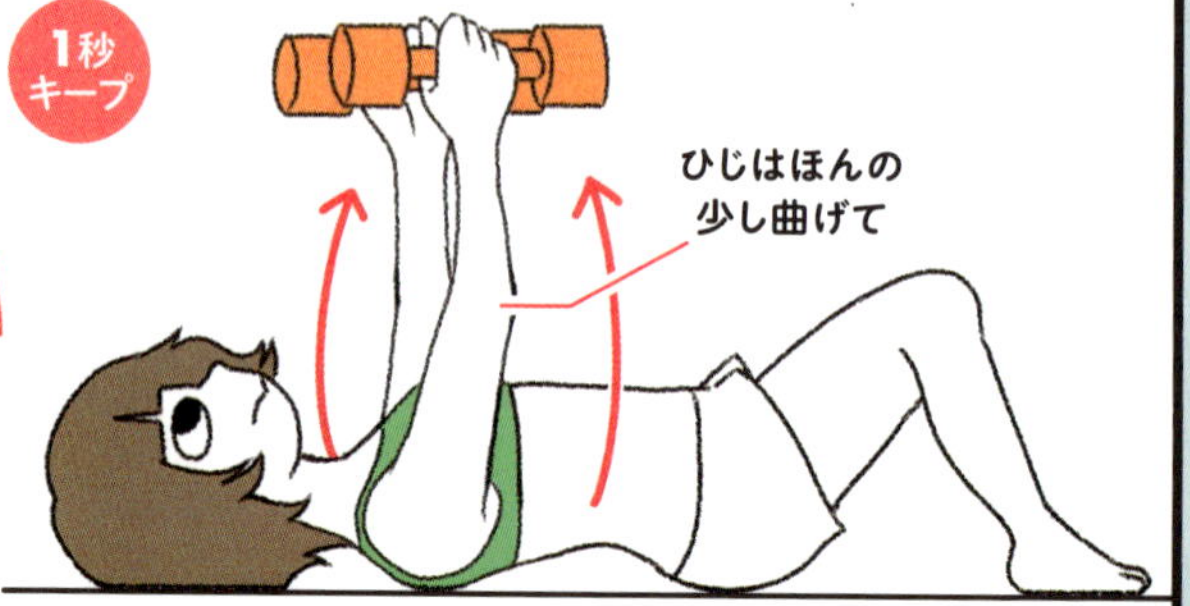

Dumbbell Fly

3

ひじを少し曲げたまま、3〜4秒かけて
ゆっくりと、腕を下ろしていきます。
完全に下ろしきらず、ダンベルは
床につかないギリギリのところで、止める

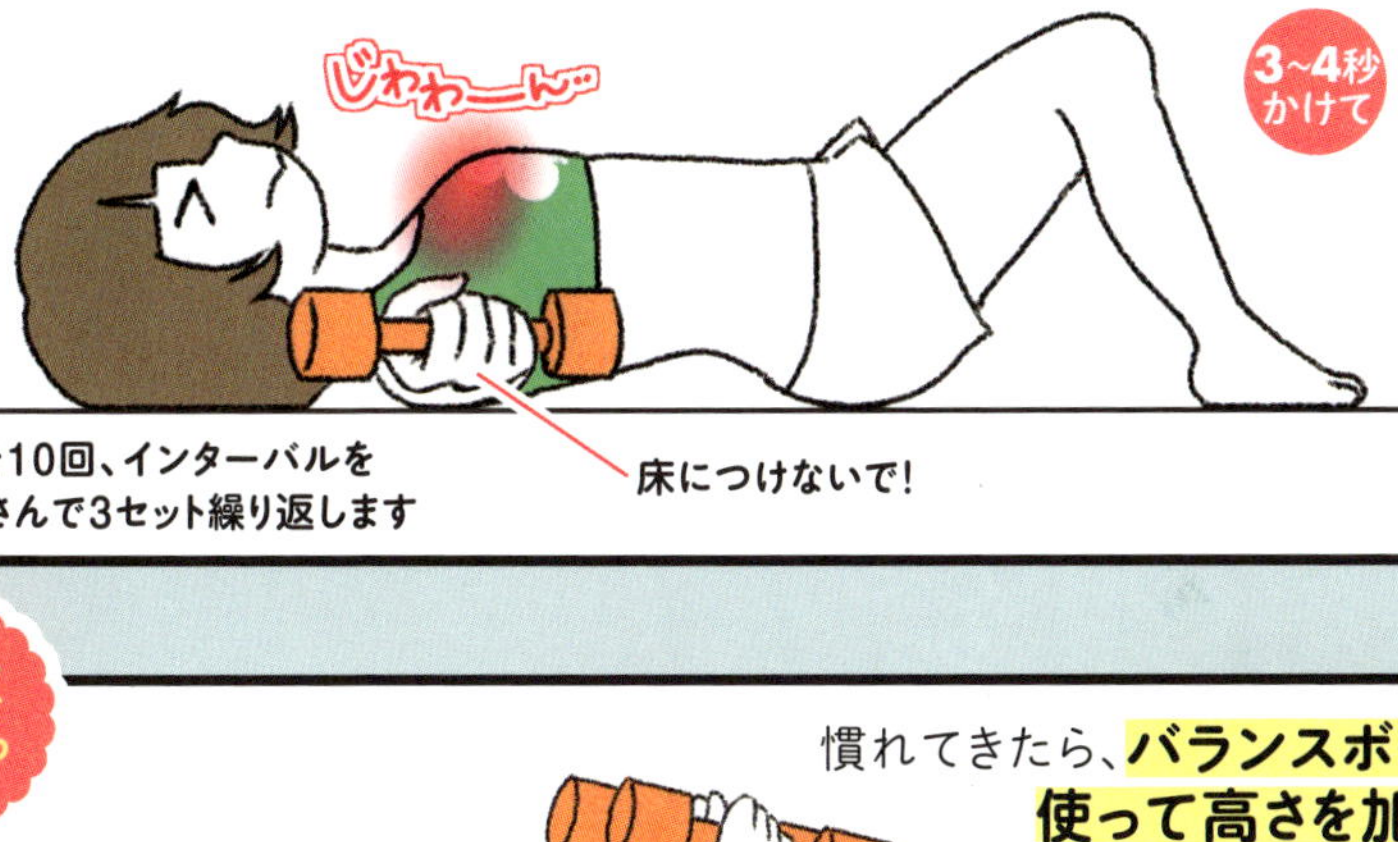

❷〜❸を10回、インターバルを
30秒はさんで3セット繰り返します

慣れてきたら

慣れてきたら、**バランスボールを**
使って高さを加えて、
負荷をアップ!
床が動きを邪魔しないから、
腕の可動範囲が広くなって、
さらにバストに効かせやすいよ♡

やせ筋 7

上腕三頭筋《じょうわんさんとうきん》

たぷたぷの
振袖《ふりそで》肉《にく》のせいで、
ノースリーブの服を
永遠に諦めていいの？

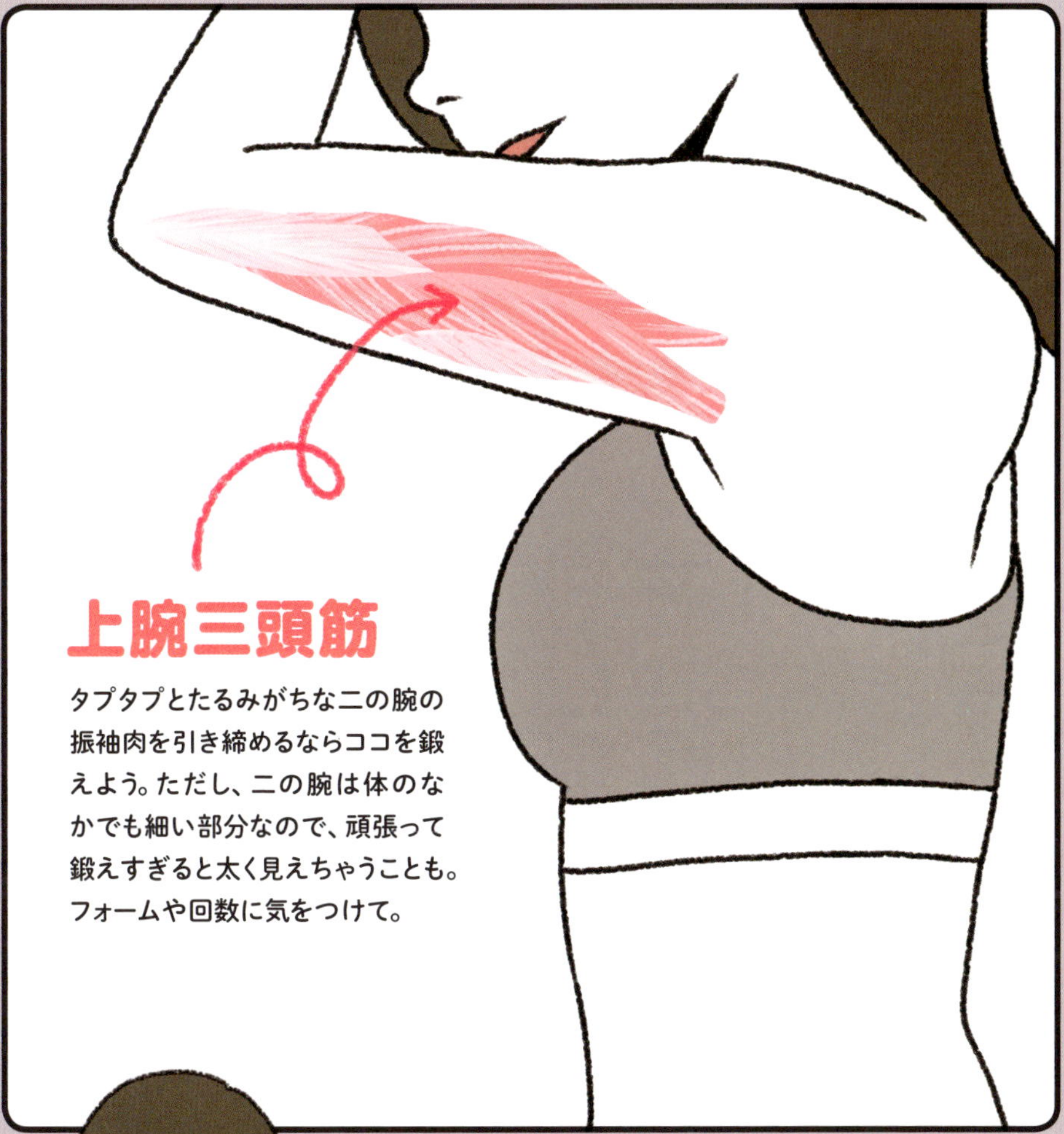

上腕三頭筋

タプタプとたるみがちな二の腕の振袖肉を引き締めるならココを鍛えよう。ただし、二の腕は体のなかでも細い部分なので、頑張って鍛えすぎると太く見えちゃうことも。フォームや回数に気をつけて。

※ひじを伸ばすときに使われる筋肉。普段の生活であまり力を入れて使うことがなく、鍛えにくくて弱くなりやすいパーツ。

こんな人は鍛えてね

- 二の腕のお肉がたぷたぷ
- 二の腕の皮膚がゆるんでいる
- 二の腕にセルライトがある
- 二の腕にハリがない

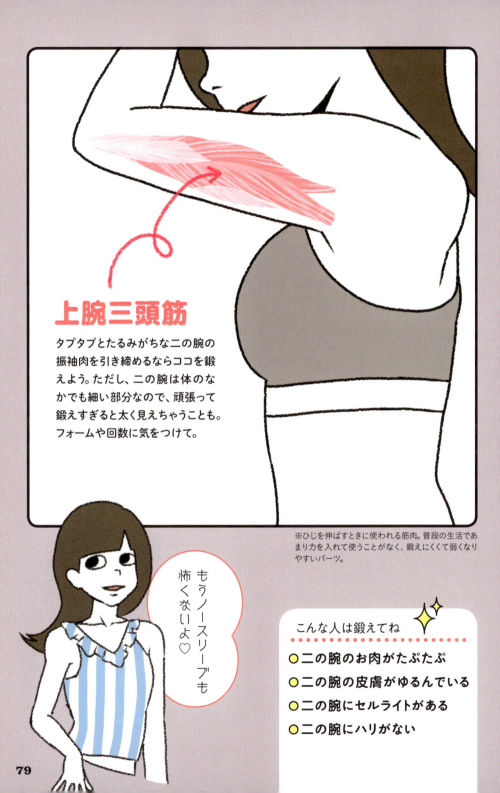

たるみのない、すっきり二の腕を目指すなら!

ライイングフレンチプレス

〔目標回数〕
10回
×
3set

〔インターバル〕
1分

ココに効く!

上腕三頭筋
（二の腕）

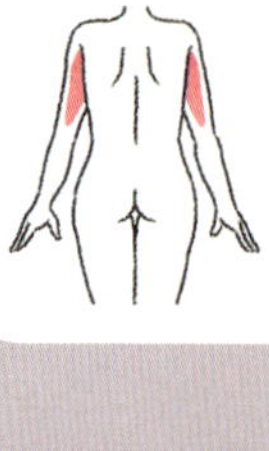

Press

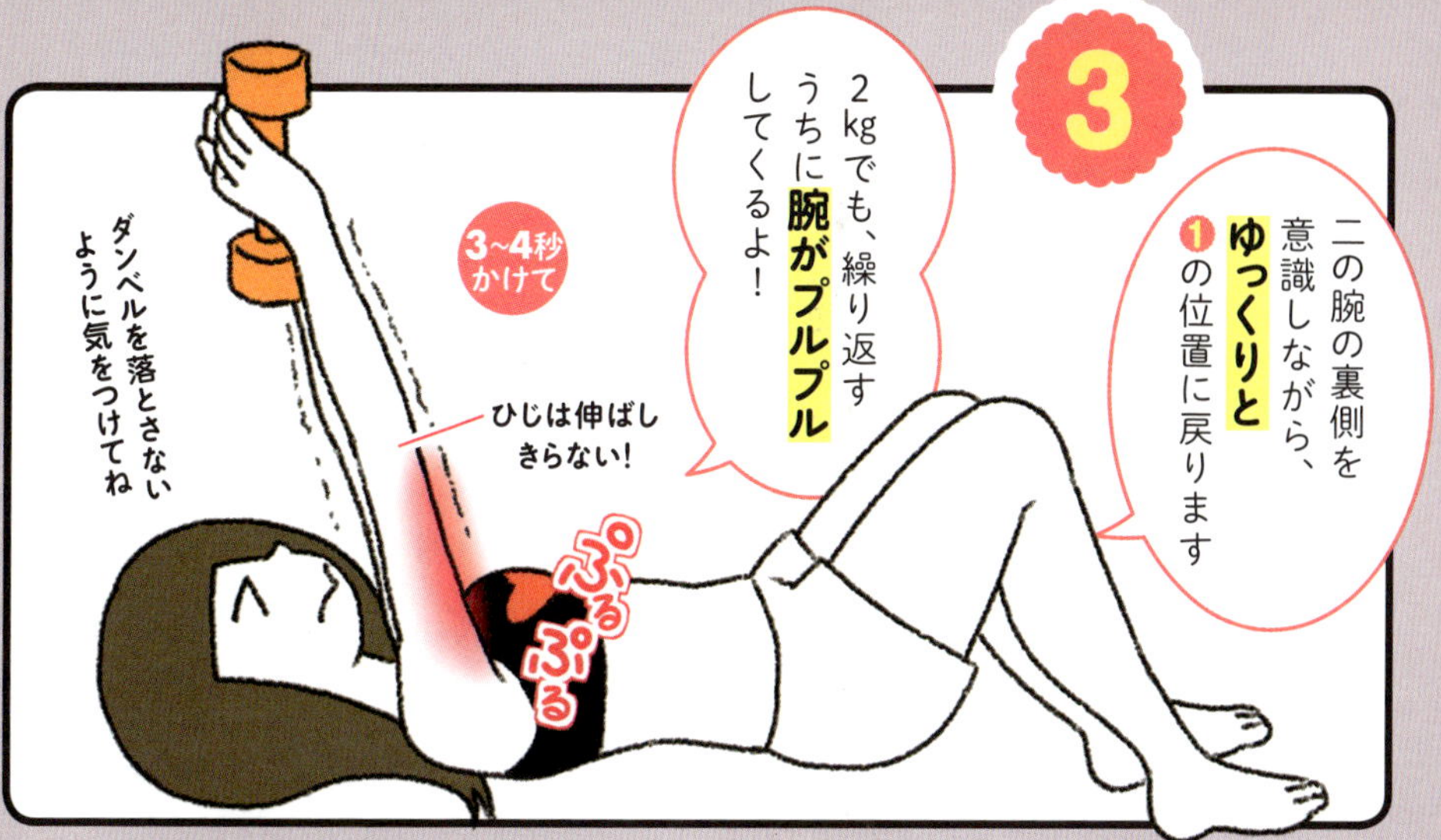

❷〜❸を10回、インターバルを1分はさんで3セット繰り返します

ひじの位置を固定しておくと、1回目からすぐに、二の腕の裏側にじわ〜っと効いてくるのが感じられるはず。元の位置に戻すときは、ひじを伸ばしきらないほうが、少ない回数で効果的に鍛えられます。

意外なポイントがダンベルを縦に軽く握ること。鍛えたくない前腕と上腕二頭筋に余計な力が入らずに済みます。

ちなみに、P72のワイドプッシュアップと合わせて行うと、胸から二の腕にかけてのラインが、さらにきれいに仕上がります。合わせてやるなら、それぞれ2セットずつでOK！

Q&A
もっと効かせるコツ

これが
ダンベルキックバック

Q
上腕三頭筋の筋トレで有名なダンベルキックバックじゃダメなの？

初心者さんには意外とフォームが難しい！

ダンベルキックバックも上腕三頭筋を鍛えられる優秀な種目だけど、**筋トレ初心者さんがやると、肩に力が入りすぎたり、フォームが崩れたりしやすい**んだ。

ライイングフレンチプレスなら、メリットがいっぱい！

- **寝転がりながらできるから、フォームが簡単**
- **肩の位置が安定するから、崩れにくい**
- **上腕三頭筋にわかりやすい刺激が入る**

Q
どうして2kgのダンベル1個なの？もっと重いほうが効くんじゃない？

あえての2kg！

低重量だからこそ、丁寧にできる

この種目は二の腕の筋肉だけを使うから、重すぎないほうが、ひとつひとつの動きを丁寧に確認しながら、ゆっくりトレーニングすることができて、ちゃんと二の腕に効かせやすいよ。
重いものを持てば早く鍛えられるわけではないことを覚えてね！

ダメ、絶対!!
やりがちNGポイント

ダンベルを深く下ろせていない

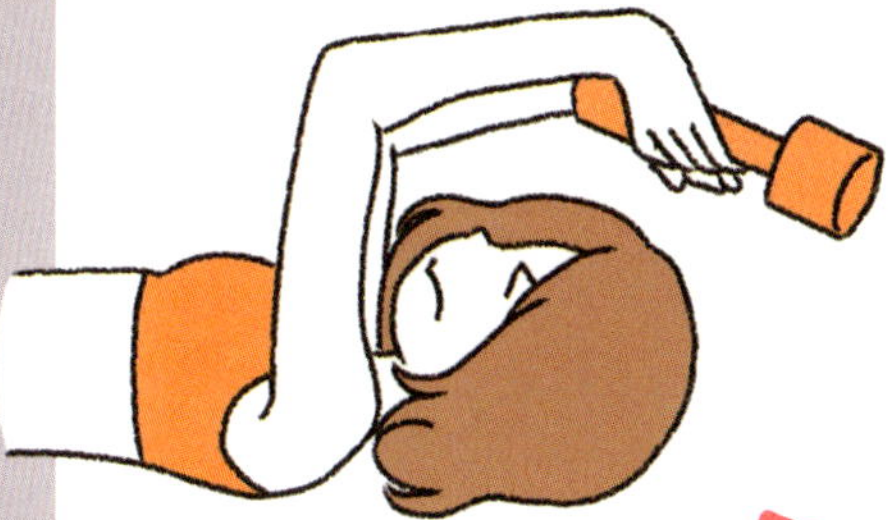

ダンベルは床につけてはダメだけど、深く下ろせていないのもNG！ **低い位置まで下ろしたダンベルを、二の腕の力だけでゆっくりと持ち上げる**ところが、この種目の鍛えどころ。両手がつむじのあたりにくるまで、深く下ろしてね。

ダンベルを下ろすスピードが速すぎる

疲れてくると、ダンベルをゆっくり下ろすのがつらくなってきて、重力に負けて素早く下ろしてしまいがち…。それだと**二の腕への負荷が弱まってしまいます。**無理して重いダンベルを持たなくていいので、**3 〜 4 秒かけてゆっくり下ろす**ことを心がけてね。

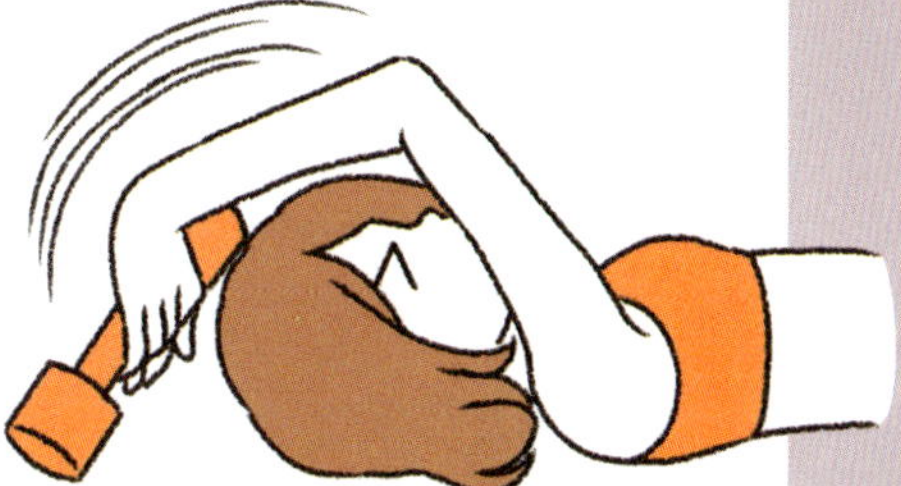

慣れてきたら

下ろす位置にひと工夫!

慣れたら回数を増やしてみてもOK。オススメなのは、ベッドやベンチの端で行うこと。端なら床に邪魔されず、ダンベルをもっと深くまで下ろせるので、負荷アップ!

このときも、ひじの位置はなるべく固定してね! ベッドの上でもできるよん♡

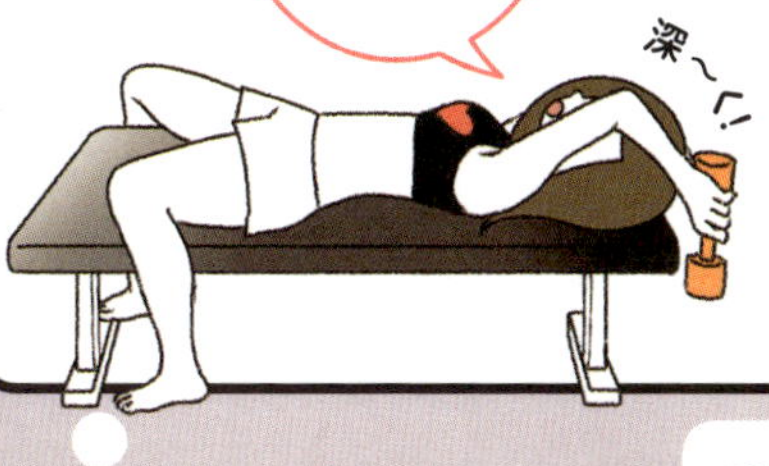

Lying French

やせ筋 8

三角筋《さんかくきん》

おぬし、なかなか
やるのぅ…ほどよい
「腕くびれ」こそ
筋トレマニアの証！

鍛えすぎには
要注意!!
ムキッ!!

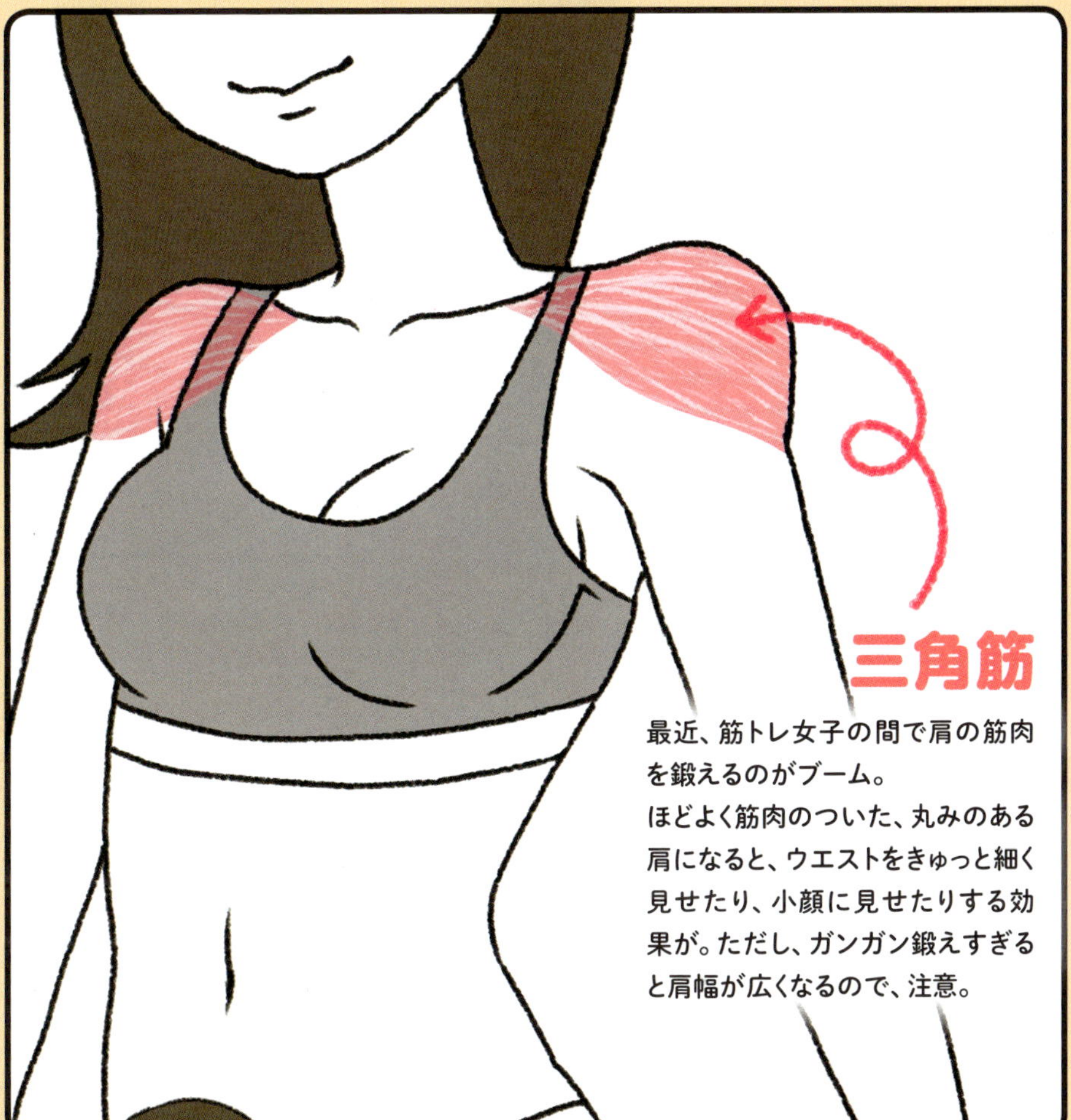

三角筋

最近、筋トレ女子の間で肩の筋肉を鍛えるのがブーム。

ほどよく筋肉のついた、丸みのある肩になると、ウエストをきゅっと細く見せたり、小顔に見せたりする効果が。ただし、ガンガン鍛えすぎると肩幅が広くなるので、注意。

※肩全体を覆っていて、「前部」「中部」「後部」の3種類の筋肉から構成されています。

こんな人は鍛えてね

- **顔が大きく見えるのが悩み**
- **ウエストのくびれが目立たない**
- **二の腕が太く見える**
- **上半身が貧弱すぎる**

肩にふくらみをつければ、小顔効果大！

サイドレイズ

〔目標回数〕
10回
×
3set

〔インターバル〕
30秒〜1分

1
両方の手にダンベルを持って、背筋を伸ばすよ
手の甲は外側に向けてね
立ってやっても、座ってやっても、どちらでもOK！
まずは1kg×2個でチャレンジ！

2
肩をすくめないようにしながら、2〜3秒かけて両腕を上げていきます
ゆっくりやると、これだけでも肩に効いてくるはず！慣れてきたら**1秒キープ**してね
肩は上げない！
じわじわ…
2〜3秒かけて

ココに効く！

三角筋
（肩）

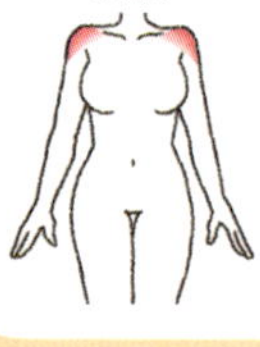

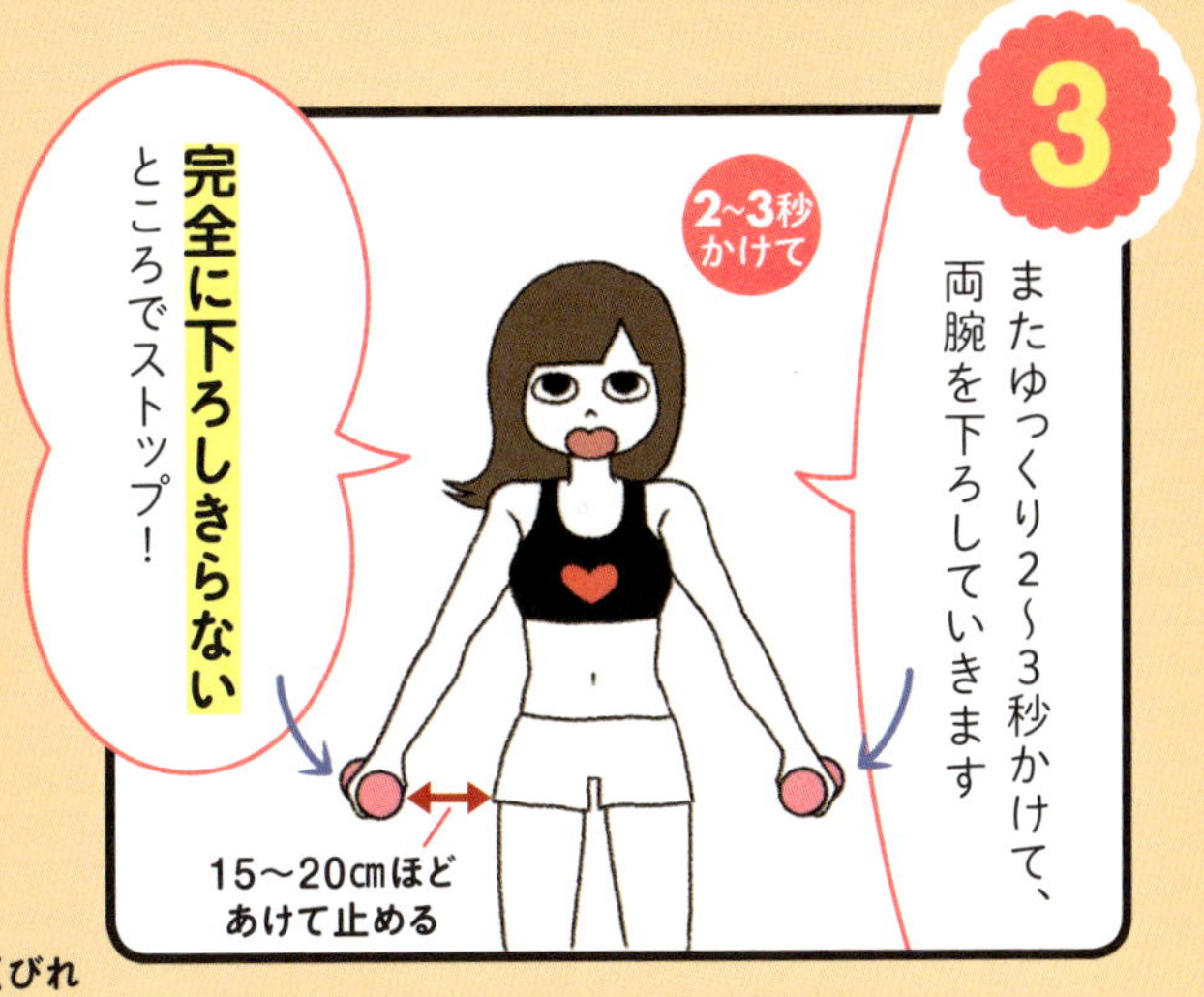

②〜③を10回、インターバルを
30秒〜1分はさんで3セット繰り返します

角筋は少しマニアックな筋肉。
実際は前部・中部・後部の3つに分かれていて、このトレーニングは中部だけを集中して鍛えるものです。
中部の筋肉は小さなパーツなので、ダンベルは1kgで十分。慣れている私でも、1kgなのに3セット目には腕がぷるぷる震えて、上がらなくなってきて、悶絶しながらやってます。
動き自体は複雑ではないので、パパッと素早くやらないことが大切。腕を上げ下げするときは、2〜3秒かけてゆっくりやってください。

Side Raise

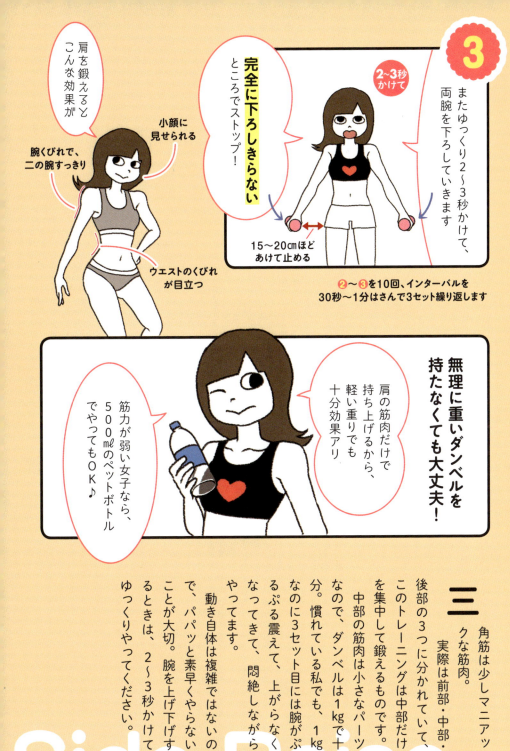

Q&A

もっと効かせるコツ

Q

肩だけでなくて、なぜか首のあたりにも効いてしまうんだけど…

正しく効かせるための2つの注意ポイント

NG❶のように肩をすくめて、腕を高く上げすぎていると僧帽筋に効いてしまうよ。

肩は下げ、手首の位置がひじよりも高くならないように気をつけてね。

なお、NG❷のように手のひらを前に向けてダンベルを持つと、肩ではなく二の腕の裏側（上腕三頭筋）にしか効きません。

腕を上げたときは、**手のひらが下を向くようにダンベルを握ろう**。

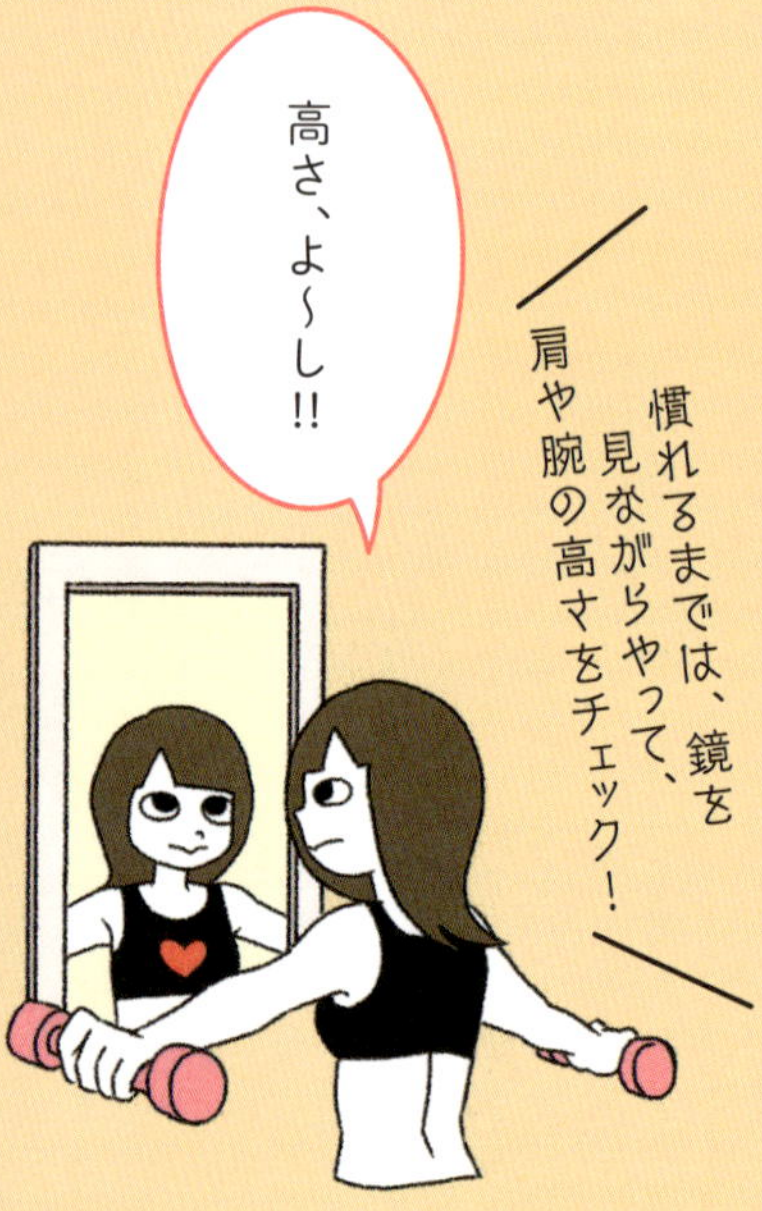
高さ、よ〜し!!
慣れるまでは、鏡を
見ながらやって、
肩や腕の高さをチェック!

NG!!
1
肩がすくんで、
腕を高く上げすぎ!

NG!!
2
手のひらが前を
向いてしまっている

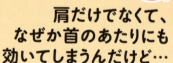

頑張って肩を鍛えすぎると、メロン肩になる!?

肩のところがぼこっと突きでた、ムキムキの「メロン肩」は男子の憧れ！　でも女子にはちょっとゴツすぎるよね…。肩の筋肉は右の絵のように「前部」「中部」「後部」の3パーツでできていて、サイドレイズは中部だけを鍛えられる種目なんだ。重いウェイトをかけて、すべてのパーツをガンガン鍛えない限りは、メロン肩にはならないよ！　安心してサイドレイズを続けてね。

慣れてきたら

回数をプラス！

この筋トレは、重いダンベルを無理して持つ必要はありません！　それよりも、慣れてきたら回数を増やすことで負荷を与えるのがオススメ。

Side Raise

\1日10分!/

1週間 筋トレ プログラム

組み合わせると効果倍増! 本書の筋トレメニューで、1週間のプログラム例を作りました。1日10〜15分くらいでできるから、忙しい人にもぴったり。毎日の習慣になるとダイエットのモチベーションもアップします。毎日トレーニングするときのポイントは、同じ部位は続けて行わずに、2〜3日おきになるように組むことです。

月

お尻&脚を鍛える日

ワイドスクワット

↓

ヒップリフト

火

背中を鍛える日

ダンベルベントオーバーロウ

↓

タオルローイング

1日で全身を鍛えるなら中2〜3日お休みデーを

月、木曜にコレをして!

ワイドプッシュアップ
↓
ダンベルベントオーバーロウ
↓
ツイストバックエクステンション
↓
ワイドスクワット
↓
ルーマニアンデッドリフト
↓
ヒップリフト
↓
クランチ
↓
デッドバグ

火・水・金〜日曜はお休みでOK

もっとストイックに
鍛えるなら、
月曜にルーマニアン
デッドリフトと
ライイングヒップ
アブダクション、
火曜にツイストバック
エクステンション、
水曜にサイドレイズを
加えてもいいよ！

水	木	金	土	日
胸＆腕を鍛える日	お腹を鍛える日	月曜日と同じメニュー	火曜日と同じメニュー	水曜日と同じメニュー
 ワイドプッシュアップ ↓  ライイングフレンチプレス	 デッドバグ ↓  クランチ			

これに毎日腹筋のトレーニングを加えてもOK！

Column

筋トレ後にやりたい!!
反り腰改善のキャットバック

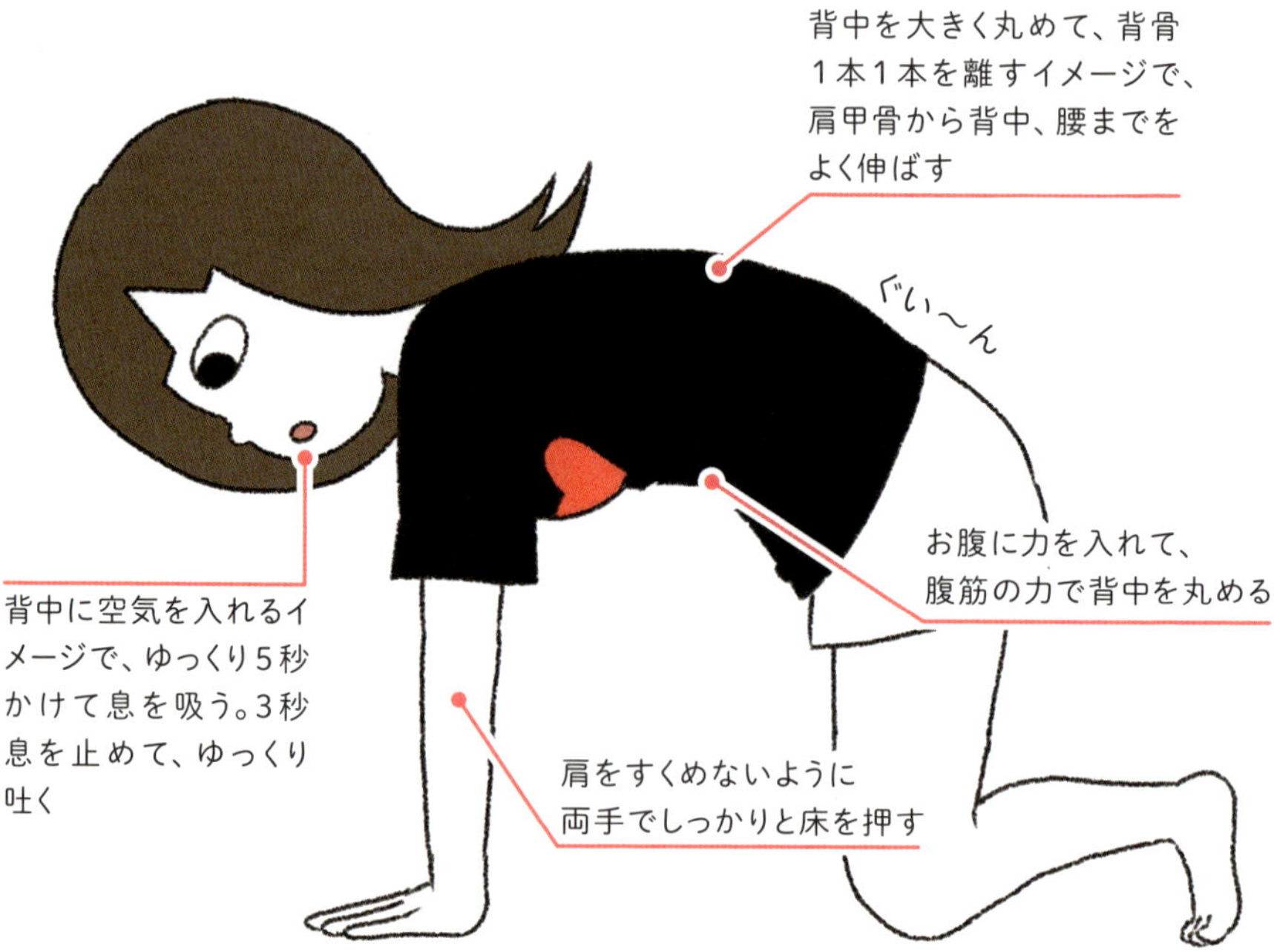
背中を大きく丸めて、背骨
1本1本を離すイメージで、
肩甲骨から背中、腰までを
よく伸ばす
ぐい～ん
背中に空気を入れるイ
メージで、ゆっくり5秒
かけて息を吸う。3秒
息を止めて、ゆっくり
吐く
お腹に力を入れて、
腹筋の力で背中を丸める
肩をすくめないように
両手でしっかりと床を押す

キャットバックの手順

❶ 口からゆっくりと息を完全に吐ききる。

❷ 3秒息を止める。

❸ 背中に空気を入れるイメージで鼻からゆっくりと息を吸う。

❹ 5～6回繰り返す。

筋トレは骨盤を前傾させるポーズが多いので、筋力が弱いうちは特に腰に負担がかかりやすく、反り腰に悩む人が多いものです。腰を痛めないためにも、筋トレの最後にはこの「キャットバック」のポーズで、肩甲骨から背中、腰までをよく伸ばしましょう！　普段からこまめにやっておくと、反り腰が改善して姿勢がよくなり、脚のラインもきれいになります。

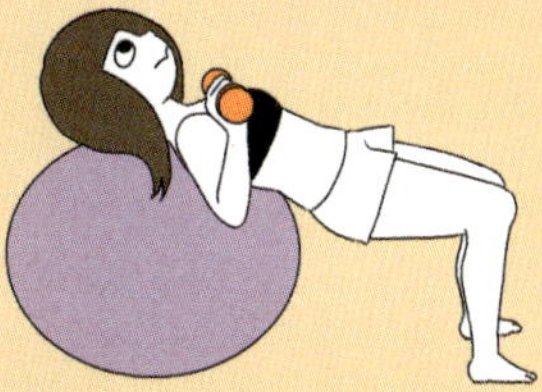

やせ筋トレ
上級編

筋肉の動かし方を覚えたら、
より効果の高い
上級トレーニングにもトライ！

ココに効く！

腹斜筋
腹直筋

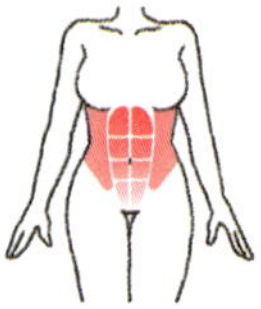

上級編

お腹を割って、くびれを作りたいなら！

ツイストシットアップ

〔目標回数〕20回×3set　〔インターバル〕30秒〜1分

1

あお向けになったら、ひざを立てて、
両手を頭の後ろで組みます

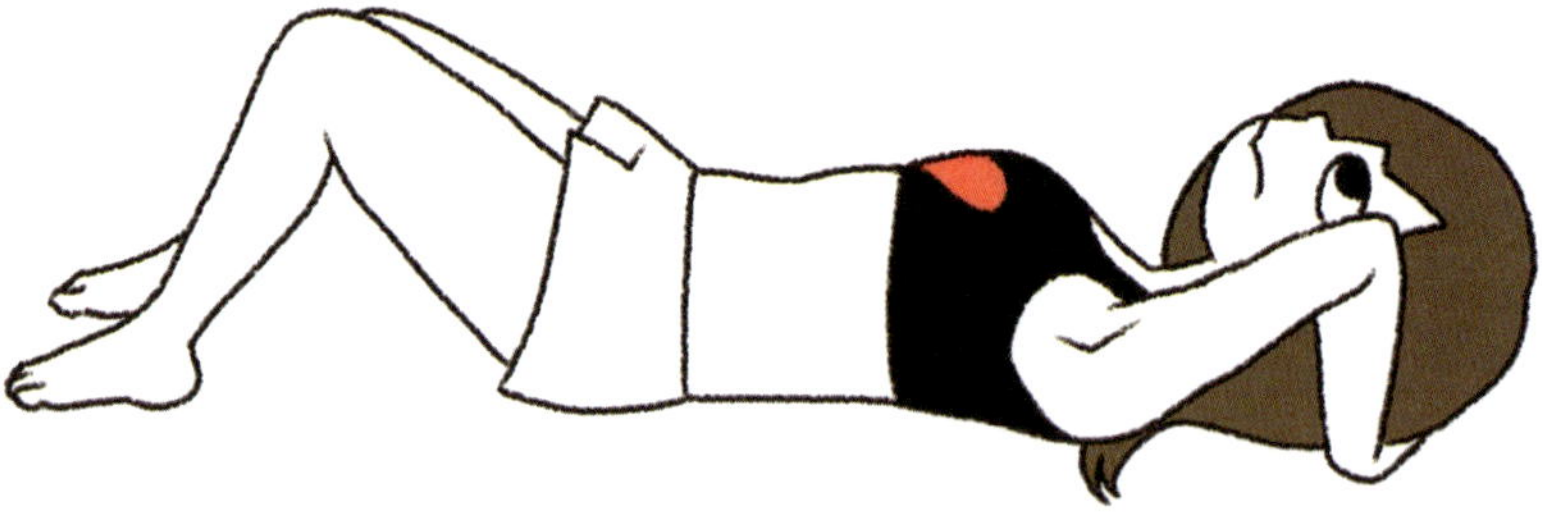

2

お腹の力で上体を起こしたら腰をひねり、
右ひじと左ひざをくっつけます

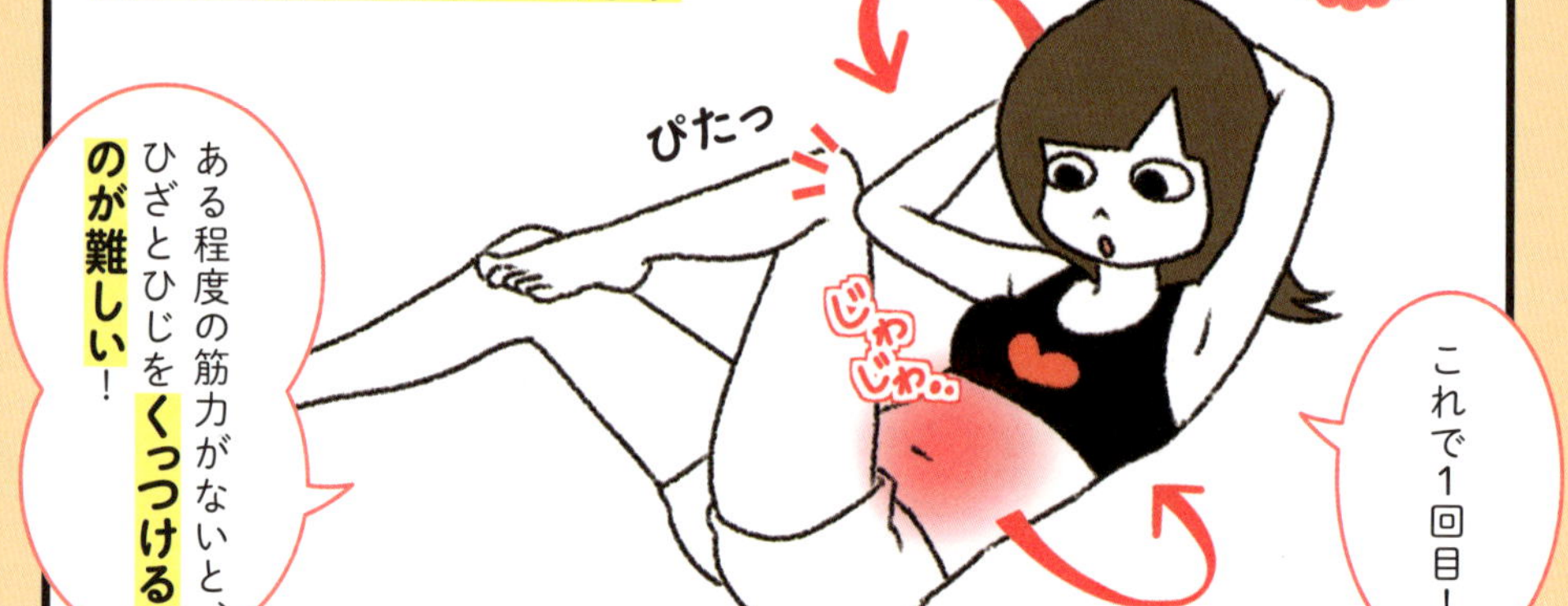
これで1回目！
ぴたっ
じわじわ..
ある程度の筋力がないと、ひざとひじを**くっつける**のが難しい！

Twist Sit Up

ある程度、筋力がないとできない上級者向けのトレーニングです。
上体にひねりを加えることで、腹直筋だけでなく、腹斜筋にも刺激が入りやすくなり、
効率よく、くびれを作ることができますよ。
もし、うまくひじとひざがくっつかない場合は、P52のクランチを先にやって、
腹直筋を強くしておくと、やりやすいかも！

3

ひざとひじがついたら、
①と同じあお向けに戻ります

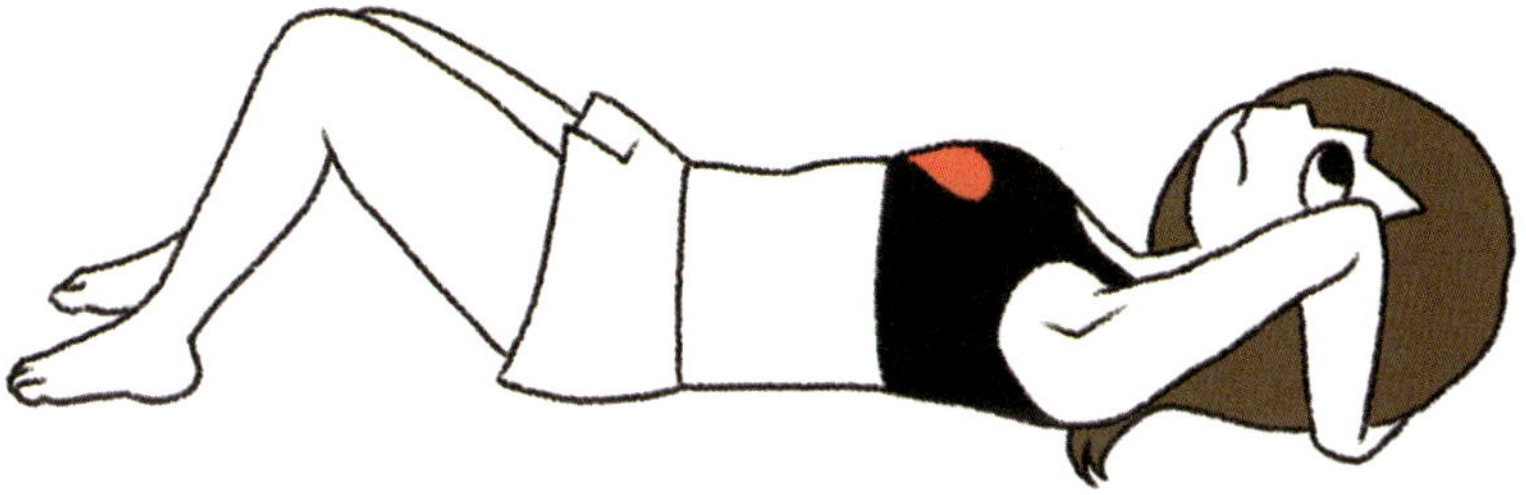

4

②と同じように上体を起こして腰をひねり、
左ひじと右ひざをくっつけます。
ここまでで2回分です

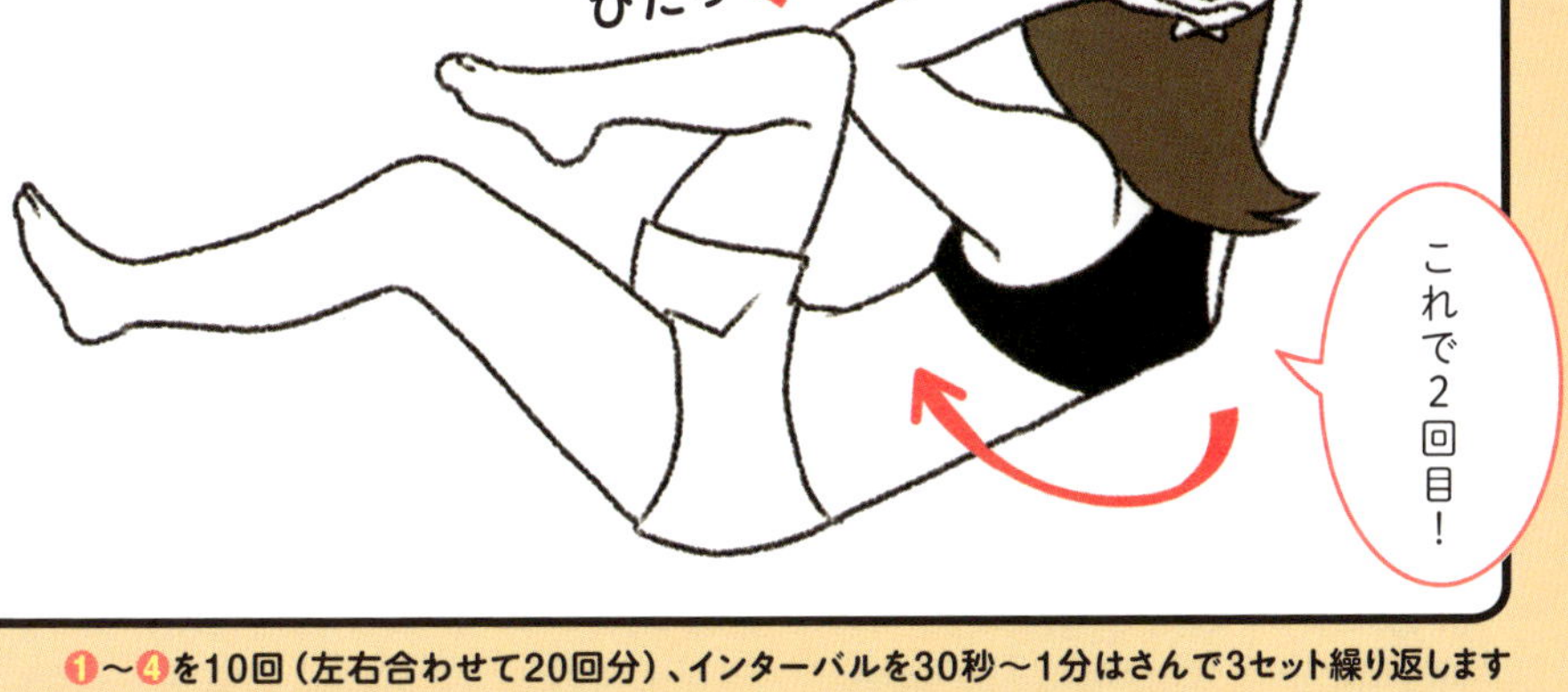

①〜④を10回（左右合わせて20回分）、インターバルを30秒〜1分はさんで3セット繰り返します

ココに効く!

大殿筋

集中的にお尻を鍛える!

ブルガリアンスクワット

〔目標回数〕**10回×3set**　〔インターバル〕**1〜2分**

1

腰に手を当てて立ち、
片足を低めの台や椅子にのせて
バランスをとります

背筋はぴんと伸ばして
台には足の甲をのせるだけ。体重をかけないこと!
前足は2歩前に置いてね

2

ひざがつま先より前に出ないように意識しながら、**ゆっくり2秒**ほどかけて腰を下ろしていきます

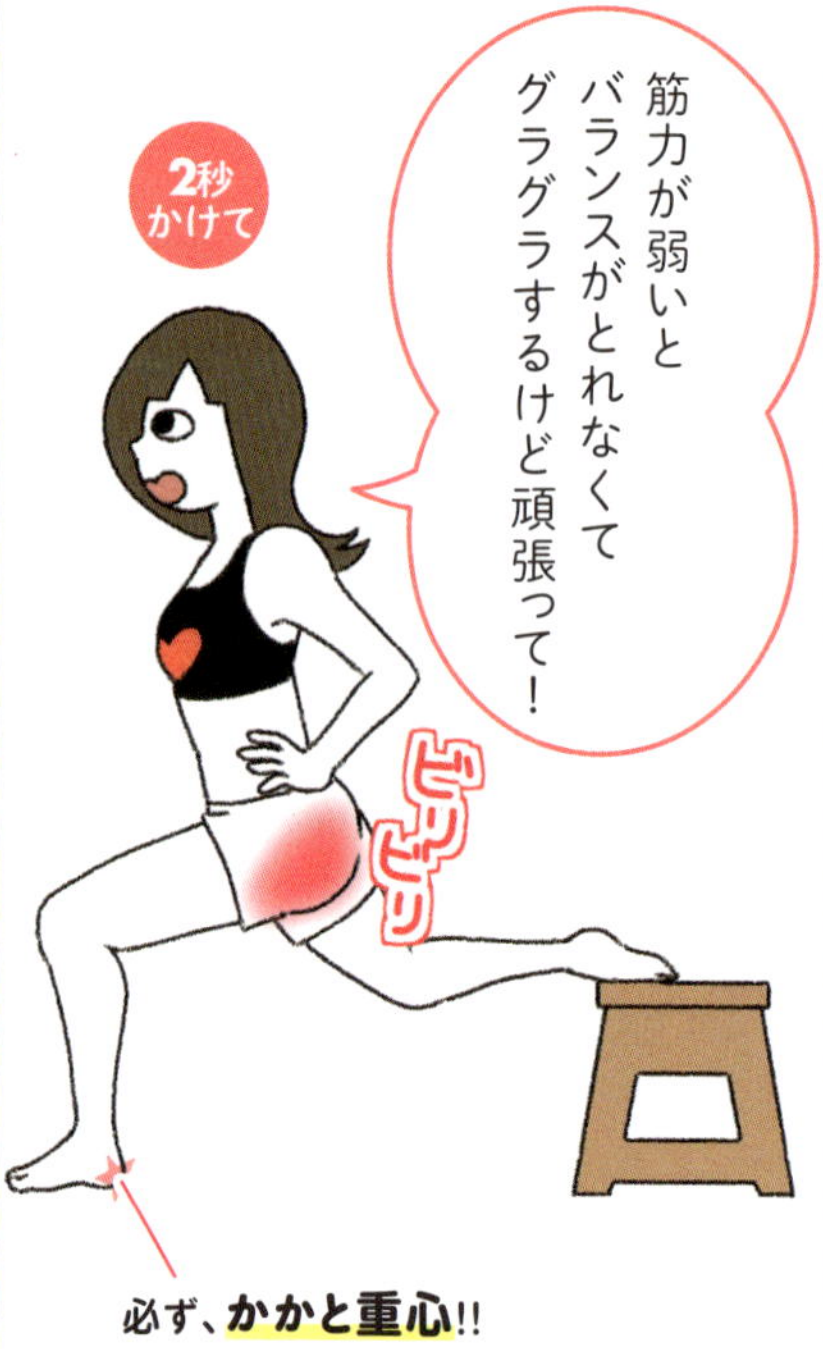

2秒かけて
筋力が弱いとバランスがとれなくてグラグラするけど頑張って!
ビリビリ
必ず、かかと重心!!

Bulgarian Squat

片脚ずつ行うので、筋力が必要です。セットを組んでやることが必須なので、
筋力が弱くて1セットしかできないと意味なし！　必ず複数セットを組んでくださいね。
ダンベルなどの負荷をかけなくても、キツい刺激が入りやすいので、
効率よくお尻を鍛えられます。「背中をまっすぐ」と
「かかと重心」がポイントなので、丁寧に！

ダメ、絶対!! やりがちNGポイント

前かがみの姿勢になっている！

前傾姿勢になりすぎると、前ももへの負荷が強くなってしまいます。お尻に集中させるには、前かがみにならず、背筋を伸ばそう。

つま先重心になっている！

つま先に重心をのせると、ふくらはぎに余計な負荷が入ってしまうので、必ずかかと重心にしてね。

3

かかとで踏ん張りながら、
ゆっくりと腰を持ち上げて❶に戻り、
繰り返します

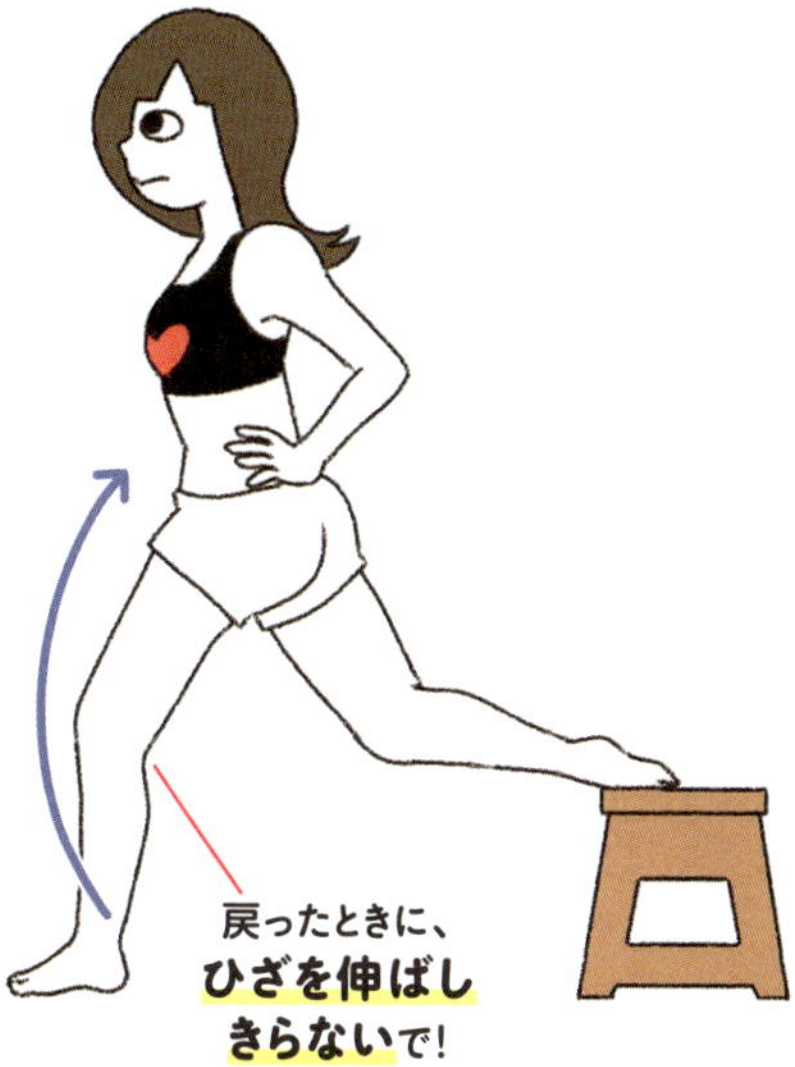

❶〜❸を10回、インターバルを1〜2分はさんで3セット繰り返します

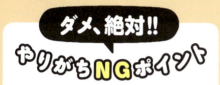

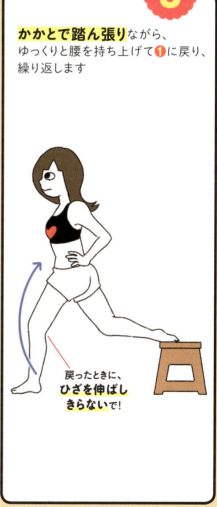

ココに効く!

大殿筋

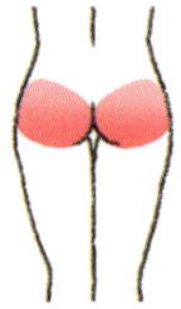

下半身強化で、さらにまぁるい美尻に!

バックランジ

〔目標回数〕**16**回（片脚**8**回ずつ）×**3**set　〔インターバル〕**1**～**2**分

1

両脚を腰幅に広げて立ったら、両手を腰に当てます

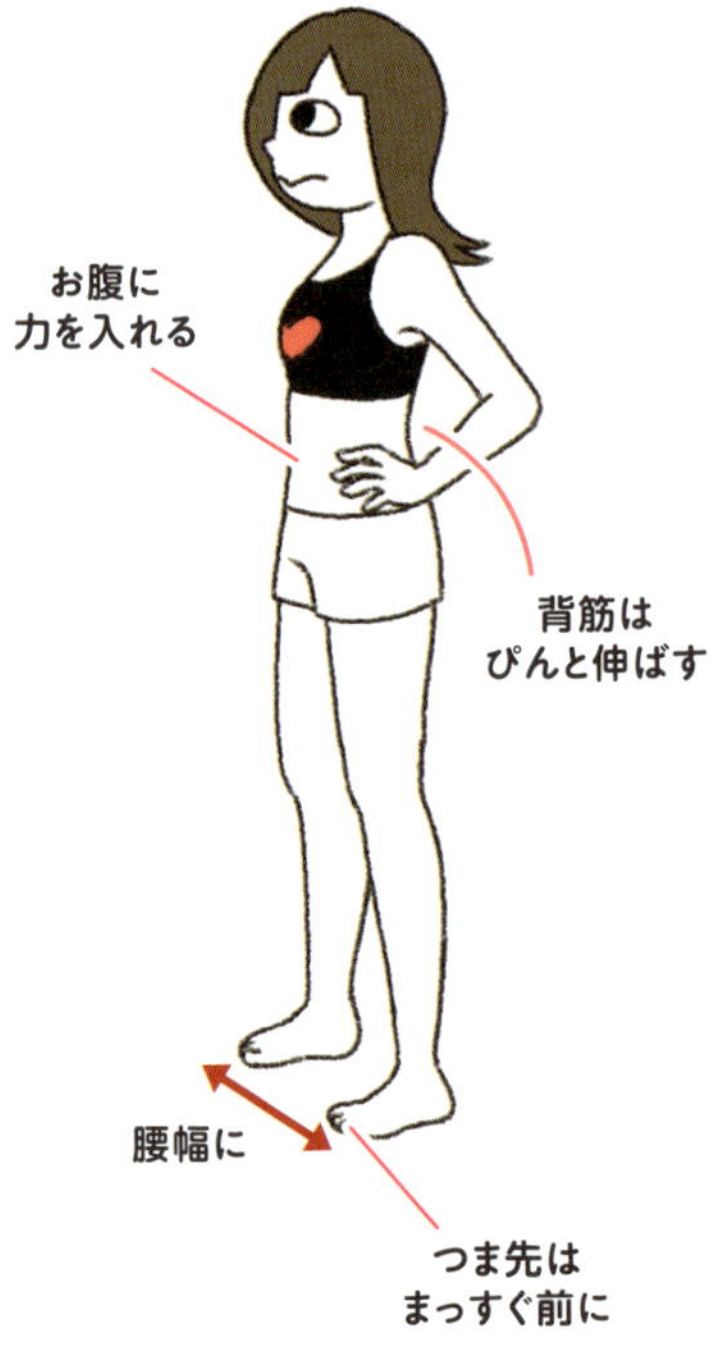
お腹に
力を入れる
背筋は
ぴんと伸ばす
腰幅に
つま先は
まっすぐ前に

2

片方の脚を2歩くらい後ろへ大きくずらし、前脚でバランスをとります。**前足のかかとに重心**をのせて、前脚側のお尻にじわじわ効いていることを実感しましょう

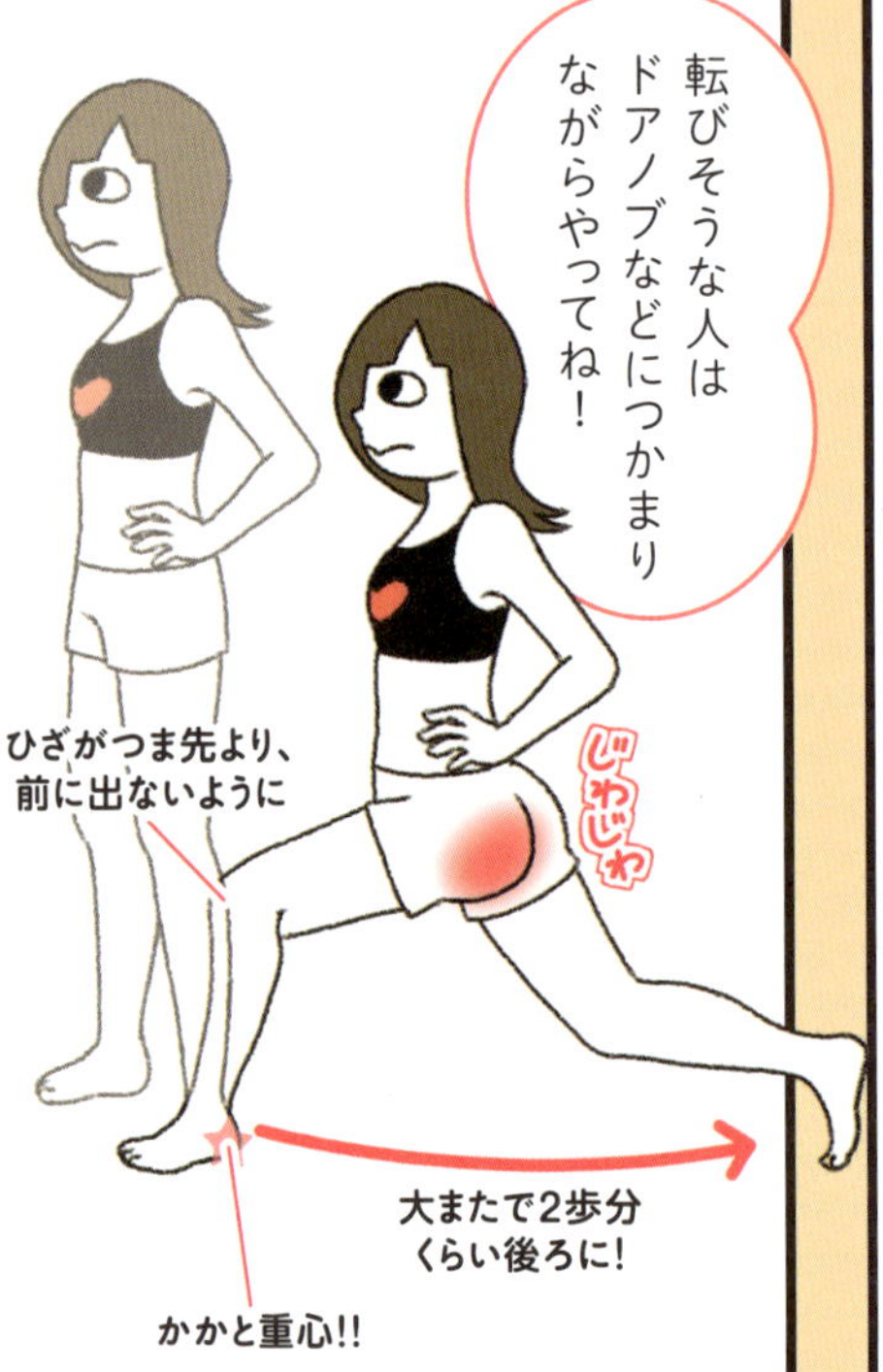
転びそうな人はドアノブなどにつかまりながらやってね!
ひざがつま先より、
前に出ないように
じわじわ
大またで2歩分
くらい後ろに!
かかと重心!!

Back Lunge

動き自体は簡単だけど、初心者さんがやると、お尻には効いていない間違った動きを覚えてしまうこともあります。ワイドスクワットやヒップリフトでお尻の筋肉の使い方を覚えてからチャレンジ!

嬉しい効果→●バランスアップ　●体幹や姿勢の安定　●有酸素運動効果

慣れてきたら

負荷を上げてみよう!

両脚を広げた❷の状態で、2秒ほどキープする

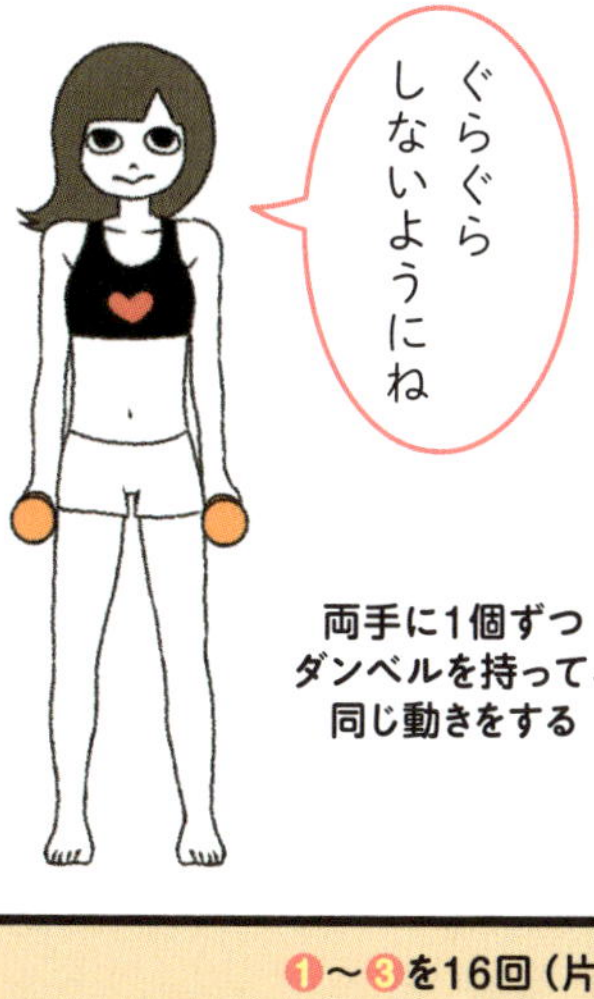

両手に1個ずつダンベルを持って、同じ動きをする

3

再び、❶のポジションに戻ります。右で1回目、左で2回目…と交互に繰り返しながら、**お尻への刺激を感じて**ください!

❶〜❸を16回（片脚8回ずつ）、インターバルを1〜2分はさんで3セット繰り返します

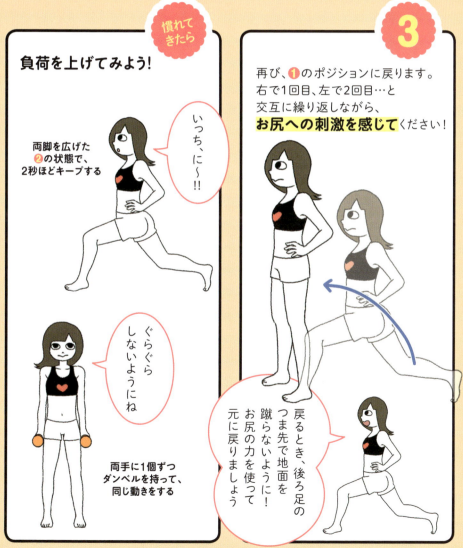

上級編

ココに効く!

広背筋

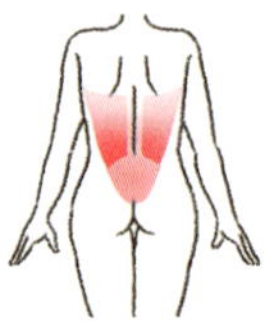

引き締まった、かっこいい背中を手に入れよう

ワンハンドローイング

〔目標回数〕片側**15**回ずつ×**3**set　〔インターバル〕**1～2**分

1

片手でダンベルを握り、
反対の手とひざは椅子などに置いて
バランスをとります

背中を丸めず、
まっすぐに!

まずは**2kg**のダンベルからチャレンジ!
筋力がついてきたら、徐々に重量を上げよう

2

背中を寄せながら、ダンベルを持っているほうのひじを、**思いきり後ろへ引きます**。背中にじわじわと刺激が入るのを感じてね

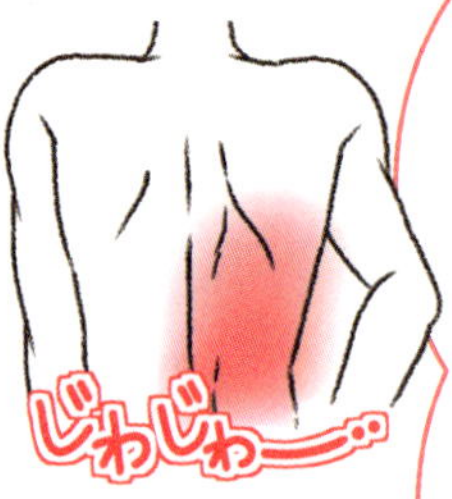
じわじわ～

腕の力でひじを引くのではなく、**背中の左右を寄せる**ことで、ひじが自然と曲がるイメージ!

絶対に肩は上げないで!

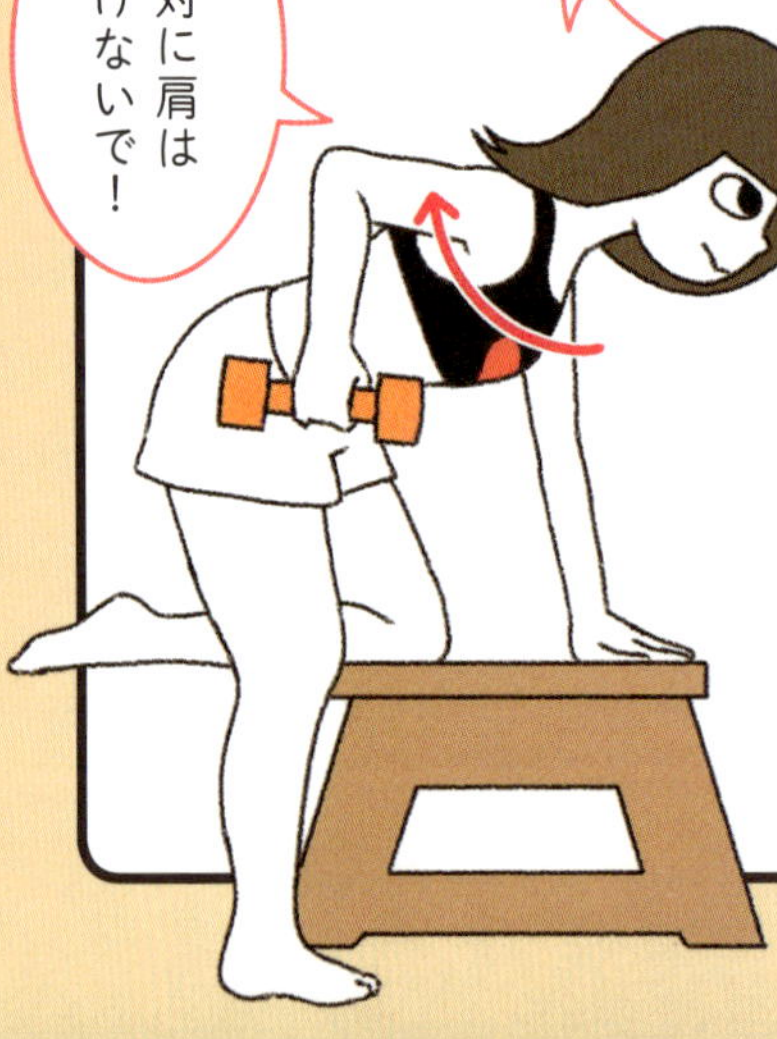

One Hand Rowing

片腕ずつ行うことで、肩甲骨周辺の可動範囲が広がるので、広背筋をより鍛えやすい上級トレーニングです。

3

背中への刺激を感じたら、
ゆっくりと手を下ろしていきます

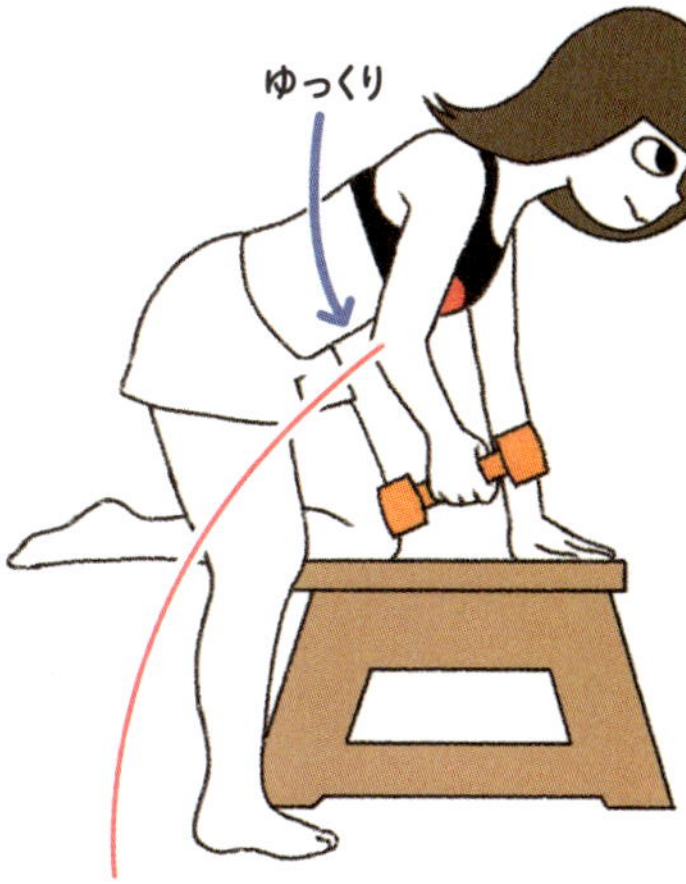
ゆっくり
ひじは伸ばしきらないで!

❶〜❸を15回ずつ、インターバルを1〜2分はさんで3セット繰り返します。反対側も同様に

ダメ、絶対!! やりがちNGポイント

上半身がねじれている

後ろに引くひじの動きにつられて、上半身も一緒にねじってしまうと、背中にちゃんと効かせられない!

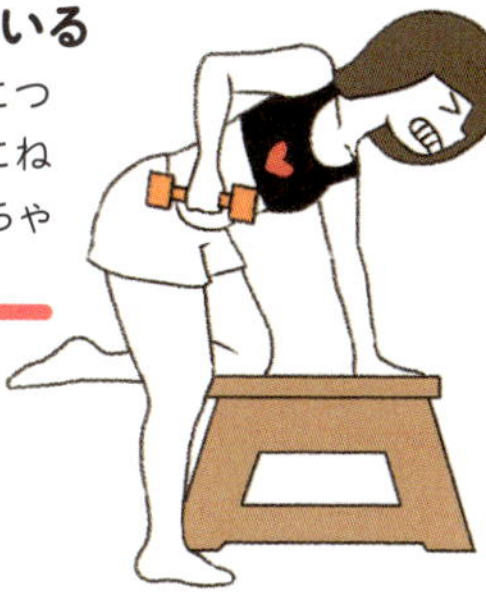

ダンベルベントオーバーロウで背中の筋肉を使えるようになってから、挑戦しよう。

両手にダンベルを持って行う、ダンベルベントオーバーロウ(P58)より、片手で行うこの筋トレのほうが**フォームが崩れやすくて、初心者さんには難しいんだ。**

ココに効く！

大胸筋　上腕三頭筋

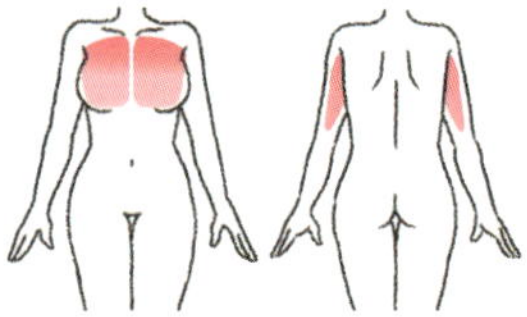

もっともっと、バストアップ！

ダンベルプレス

〔目標回数〕**15回×3set**　〔インターバル〕**1〜2分**

1

バランスボールに上半身をのせ
両方の手にダンベルを握ります

まずは**2kg×2個**
でチャレンジ！
筋力がついてきたら、
少しずつ重量を
上げてみよう
ひじを広げすぎると、
上腕二頭筋に効いて
しまうので気をつけて！

2

両ひじを伸ばし、
ダンベルを天井に向けて、
まっすぐ持ち上げます。
天井に押しつける感覚
で持ち上げて！

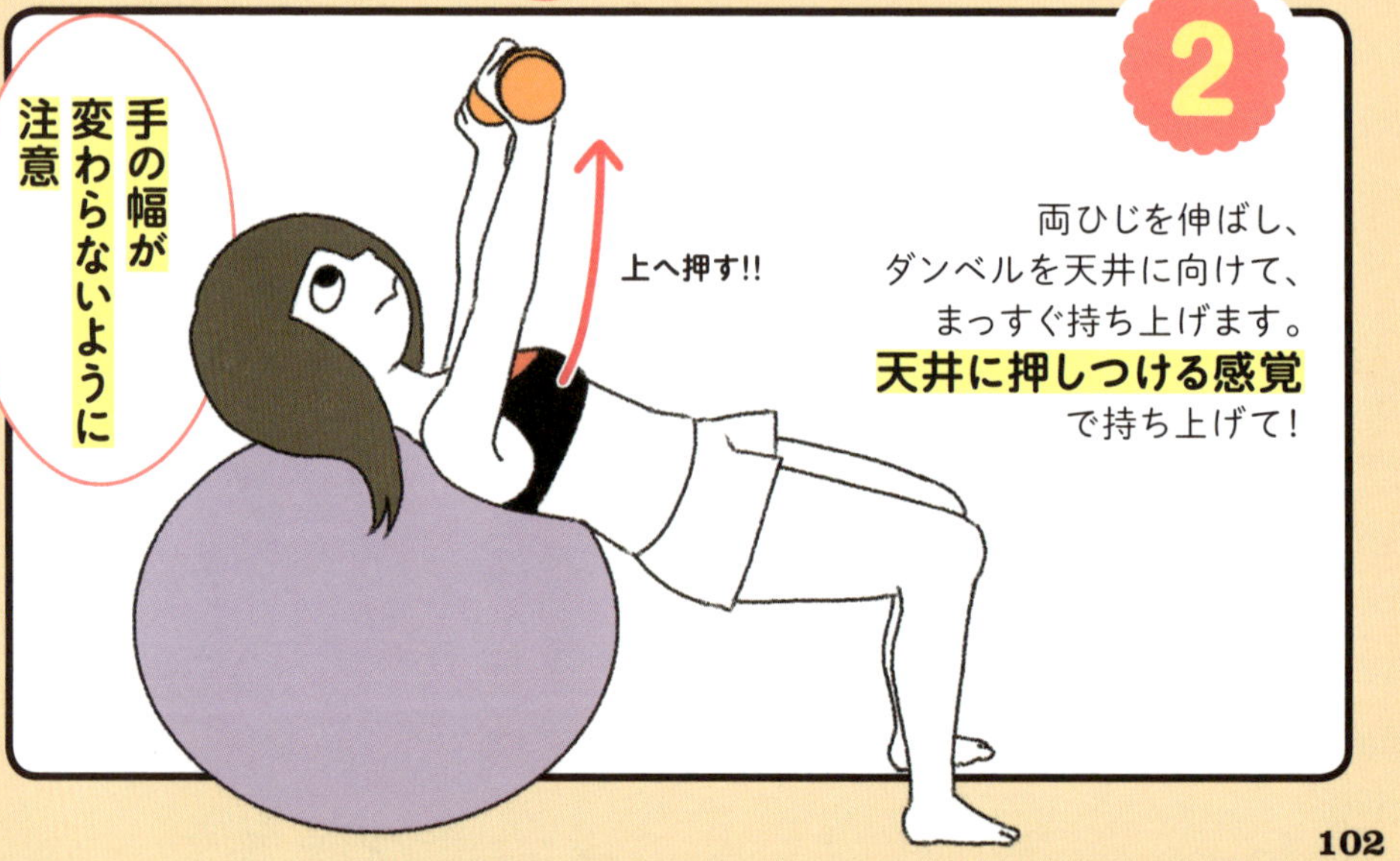
手の幅が
変わらないように
注意
上へ押す!!

Dumbbell Press

持ち上げる距離が近いので、女性でも高重量を扱いやすい種目！
重量のあるウェイトを扱えるようになると、さらにバスト上部に厚みが出ます。
動きのコツがつかめるようになったら、
いつかジムデビューしたときにも役立ちます♥

3

手の幅を変えずに、ダンベルを胸の横まで
ゆっくりと下ろして、元の位置に戻ります

❶〜❸を15回、インターバルを1〜2分はさんで3セット繰り返します

ダメ、絶対!! やりがちNGポイント

動きが速すぎる

押し上げるときのスピードは速くてもOK！　でも、下ろすときは必ずゆっくり行おう。

手の位置がずれている

手の位置がデコルテラインより高すぎたり、低すぎたりすると、筋肉にちゃんと負荷が入らないよ！

Column

しっかり食べて、やせ筋を育てる!!
愛ちゃんのお食事アイデア集

やせたい一心で「とにかく食べずにやせる！」は×。きれいに筋肉をつけてボディメイクできる、私の食事アイデアを参考にしてね。

たんぱく質のとり方

筋肉を作る材料となるたんぱく質は、筋トレのときに欠かせない栄養素。私はサプリだけでなく、料理でも補う派！　たんぱく質量は、一度の食事で15〜20gが理想的です。フライパンで炒めるときは基本は油を使ってません。

豚ヒレ肉のしょうが焼き

脂がのった豚バラ肉や豚こま切れ肉はカロリーが高いので、ヒレ肉を。肉を食べやすい大きさにカットしたら、スライス玉ねぎと炒めて、おろししょうが、酒、しょうゆ、みりんで甘辛く仕上げます。ヒレ肉は1食で150gぐらい食べてますよ。

糖質のとり方

「糖質（炭水化物）は敵！」と考える人は多いけれど、実は筋肉を作るために糖質は欠かせない栄養素。エネルギー源である糖質が不足すると、筋肉の分解が進んでしまうのです。筋トレ前に、糖質量30〜35gくらいを摂取して。

アボカドサーモン茶漬けの作り方

ごはんに、低糖質のサーモンとアボカドをのせてお茶漬けにするとサラッと食べられて、トレーニング前でも重すぎません。味つけはお茶漬けの素で手軽に。アボカドは1/4個くらいを使います。ごはん100gに対して、サーモンは70g。

※糖質量30〜35gは、ごはん茶碗に白米3/4杯、食パン1.5枚くらいです

ツナ缶＆サバ缶の上手な活用法

時間がないとき、手軽に使えるのが缶詰♡　ツナの水煮缶とサバの水煮缶は、たんぱく質豊富でとっても便利です。私のお気に入りの食べ方は、ごはんの上に、汁気を切ったツナ、納豆、生卵をのせ、しょうゆをかけた「ツナ缶の卵納豆かけごはん」や、糖質ゼロ麺と、汁気を切ってほぐしたサバ、角切りトマト、麺つゆ、ごま油少々と一緒にあえた「サバとトマトのパスタ」です。

ピーマンのささみ肉詰め

ダイエットには鶏ささみ！　たとえば包丁でたたいてミンチにすれば、こんな肉詰めにも使えます。ミンチにした後に、塩コショウ、片栗粉少々を入れて混ぜると、ばらばらになりません。ピーマンはビタミン豊富なので栄養バランスも◎。

おやつを食べるなら和菓子！

ケーキやクッキーなどの洋菓子は、脂質が多いのでオススメは和菓子！　塩大福やわらび餅は、運動に十分な糖質を含みつつ、脂質が少ないです。ダイエットにはメリハリも大切。ご褒美的に週に1回は食べたいものを食べる日を。

おにぎりとバナナをトレ前に！

筋トレの２～3時間前におにぎり１個やバナナ１本を食べておくことも。おにぎりは、できればたんぱく質豊富な鮭やたらこ入りのものを選びます。バナナには、筋肉の疲労回復に役立つカリウムも含まれていてオススメ。

ボディメイク中でも食べてOKなタイ料理

私はタイと日本のハーフ！　低カロリー高たんぱく質のメニューはこちら♡

トムヤムクン

トムヤムクンは、脂質も糖質も控えめ。海老でたんぱく質も補給できます。しめじやえのき、マッシュルームなどのきのこ類も入っているので、食物繊維もたっぷり。

ガイヤーン

鶏もも肉をグリルした、タイの焼き鳥。ちなみに、似た名前のメニュー「ガイトート」だと揚げ物になってしまうので、間違えないように注意して。

ソムタム

青パパイヤの“酸っぱ辛い”サラダです。油たっぷりのドレッシングを使わず、タイの魚醤「ナンプラー」にレモンやライムの絞り汁で調味しているので、とってもヘルシー！

ダイエットの大敵！便秘解消に嬉しいメニュー

どんなに筋トレや食事制限をしても、ちゃんと出ないと意味はない！　解消につながる食材を覚えて。

オートミール

炭水化物以外にも、たんぱく質や食物繊維、カルシウム、鉄分、ビタミンB_1など、美と健康に欠かせない栄養素がたっぷり。アレンジしやすく、お茶漬けにもリゾットにもなる優れもの♡

発酵食品

納豆やヨーグルト、キムチ、味噌などの発酵食品も、便秘対策にうってつけのメニュー。手軽に食べられるものを常備。

一見、ヘルシーだけど…意外なNGメニューはこれ！

よく「これってダイエット効果の高い、ヘルシー食材じゃないの？」と驚かれるのがこちら。習慣的に食べている女子は気をつけて。

フルーツグラノーラ

高糖質なドライフルーツ入りなのに、さらに砂糖も加えて味つけしている製品が多め。さらに主原料の穀物を揚げているので、揚げ玉を食べているようなもの！

春雨、そうめん

春雨やそうめんは、さっぱりとした食感だからヘルシーだと思いがち。でも実は糖質が高く、カロリーも高いので、ダイエット中にたくさん食べるのはNG！　ちなみに、麺つゆも糖質高めなので使いすぎに注意。

細見え！ストレッチ

細くしなやかになれる
ストレッチをご紹介。
気持ちいいし簡単だから
隙間時間にレッツストレッチ！

上腕《じょうわん》二《に》頭筋《とうきん》

巻き肩改善で、
二の腕のたるみを予防!

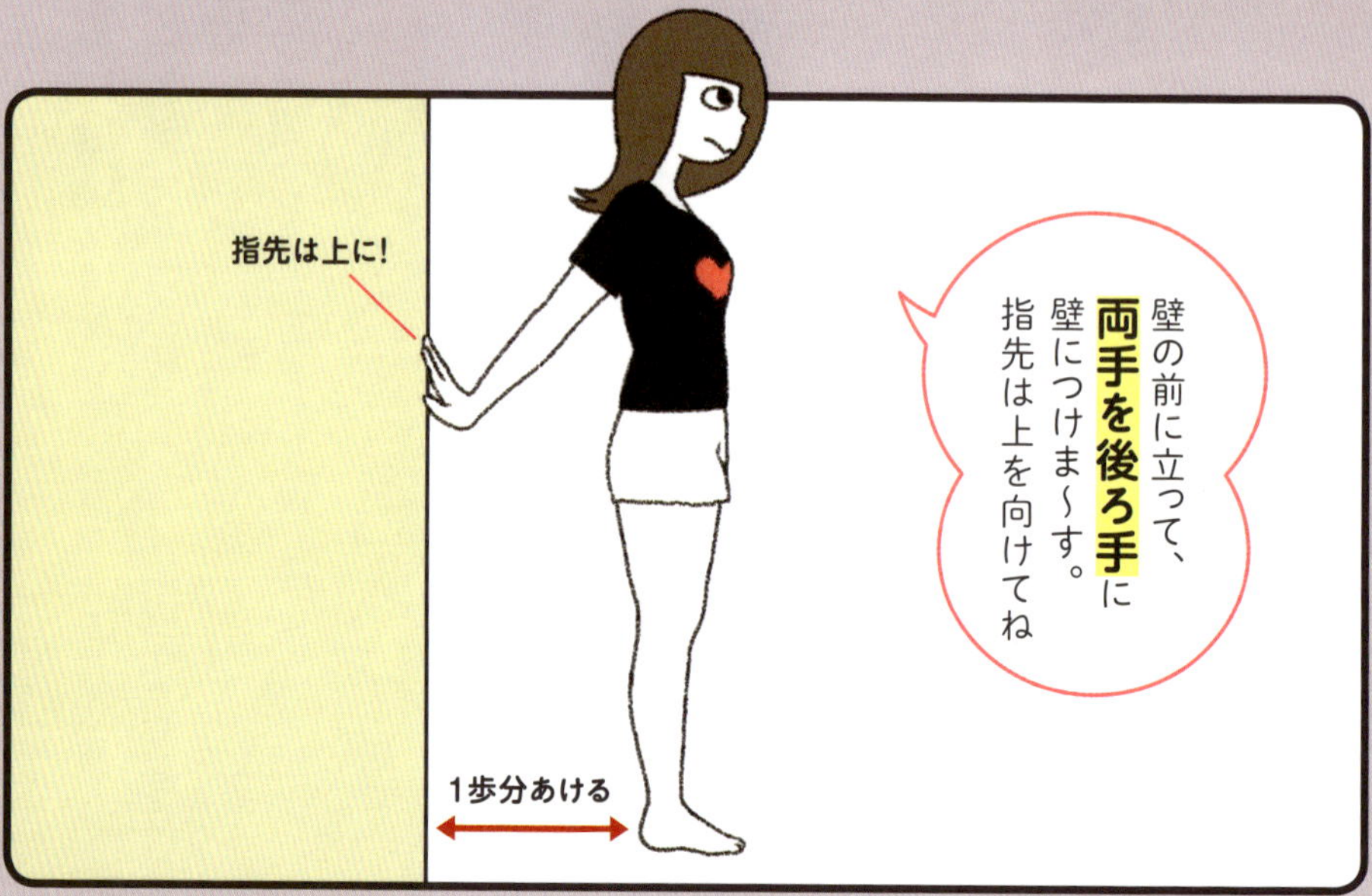

腕の前面の「力こぶ」ができるところが上腕二頭筋。ここが硬くなると、肩が前方に引っ張られて「巻き肩」になりやすくなります。すると、肩甲骨が離れて、肩幅が大きく見えてしまうことに！　また、ここが硬いと腕の裏側の上腕三頭筋がうまく使えなくなり、二の腕もたるみやすくなります。
硬くなった上腕二頭筋をしっかり伸ばして、二の腕や肩周りをスッキリさせよう♡

こんな人にオススメ!

- 力こぶがムキムキしている
- 二の腕のたるみが気になる
- 肩幅が広くてゴツく見える

前《ぜん》腕《わん》屈《くっ》筋《きん》群《ぐん》

PC作業やスマホ操作で
カチカチの筋肉をゆるめる

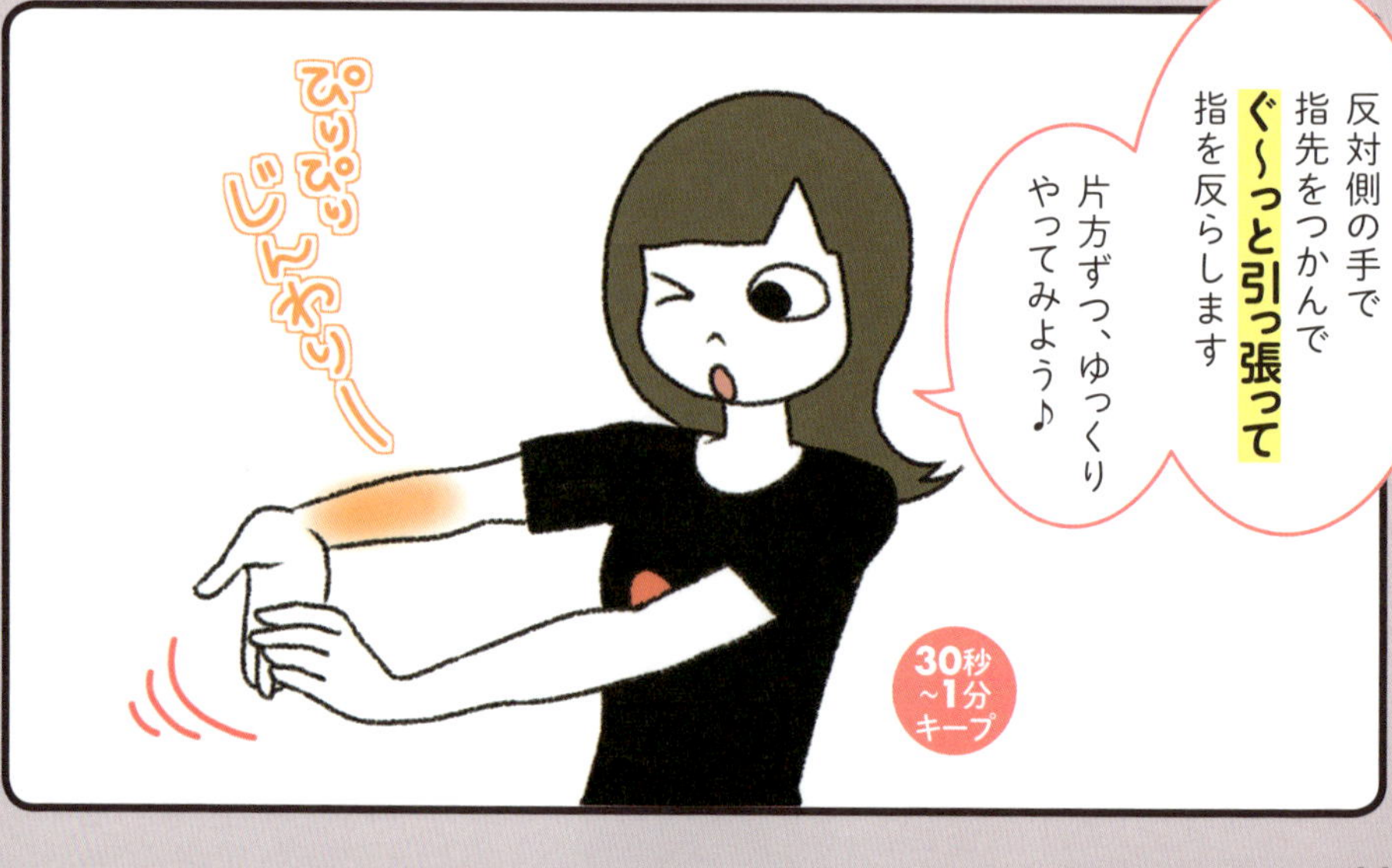

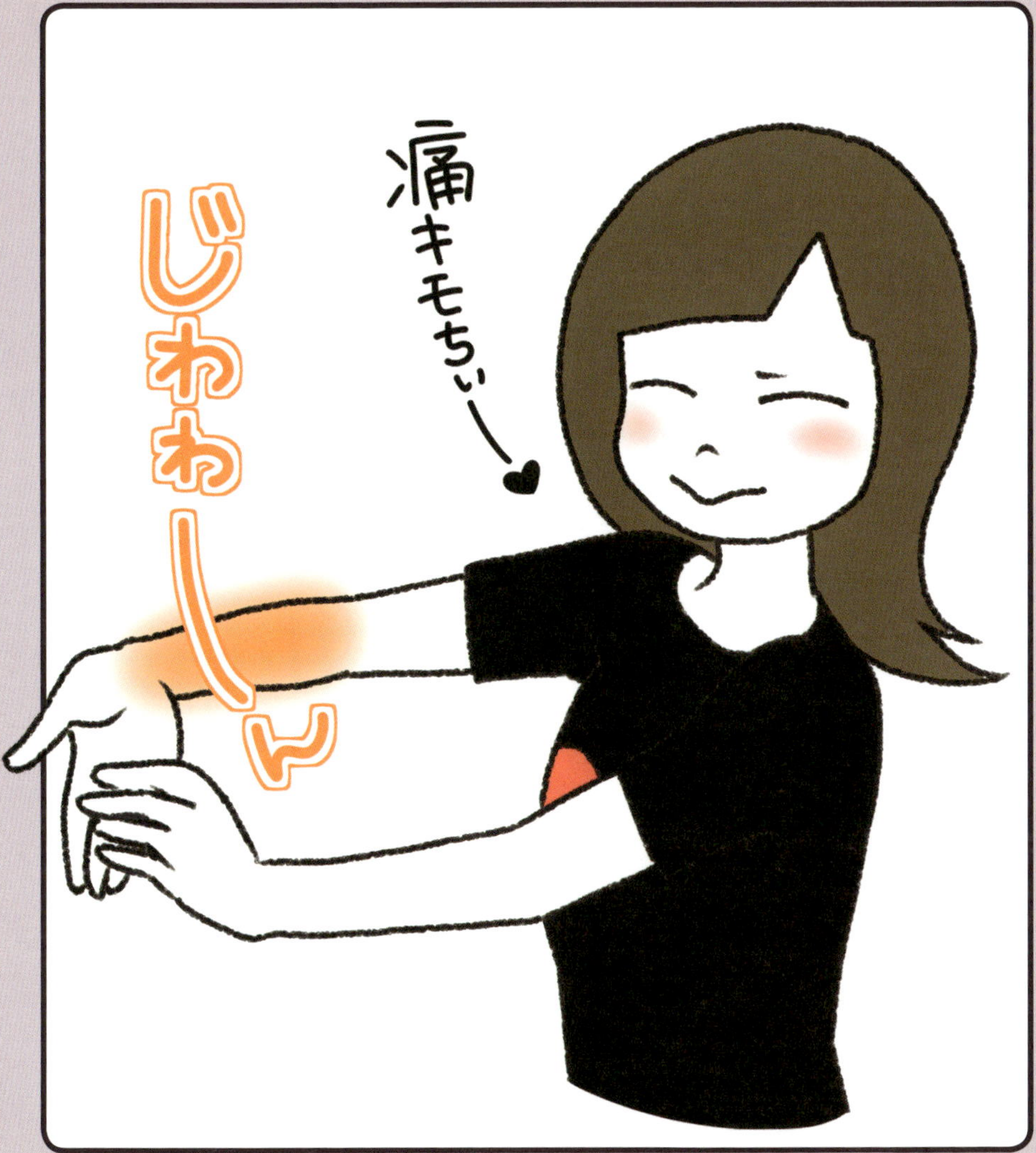

前腕は、パソコンやスマホの操作、重い荷物を持つなど、ちょっとした日常の動作で簡単に筋肉がついてしまいます。
腕を太くしたくないなら、ストレッチで筋肉をよ〜く伸ばしてあげることが大切！　もちろん普段の生活で、強くものを握ったり、重いものを持ち上げたりすることを減らす工夫を。私はダンベルのトレーニング後、いつもこれをやってます！

こんな人にオススメ！

- 太い腕が気になる
- パソコンやスマホでの作業が多い
- 重いものを持つことが多い
- ダンベルのトレーニングをしている

前《まえ》もも

前ももの張りをとって、
たるみのない細い脚に！

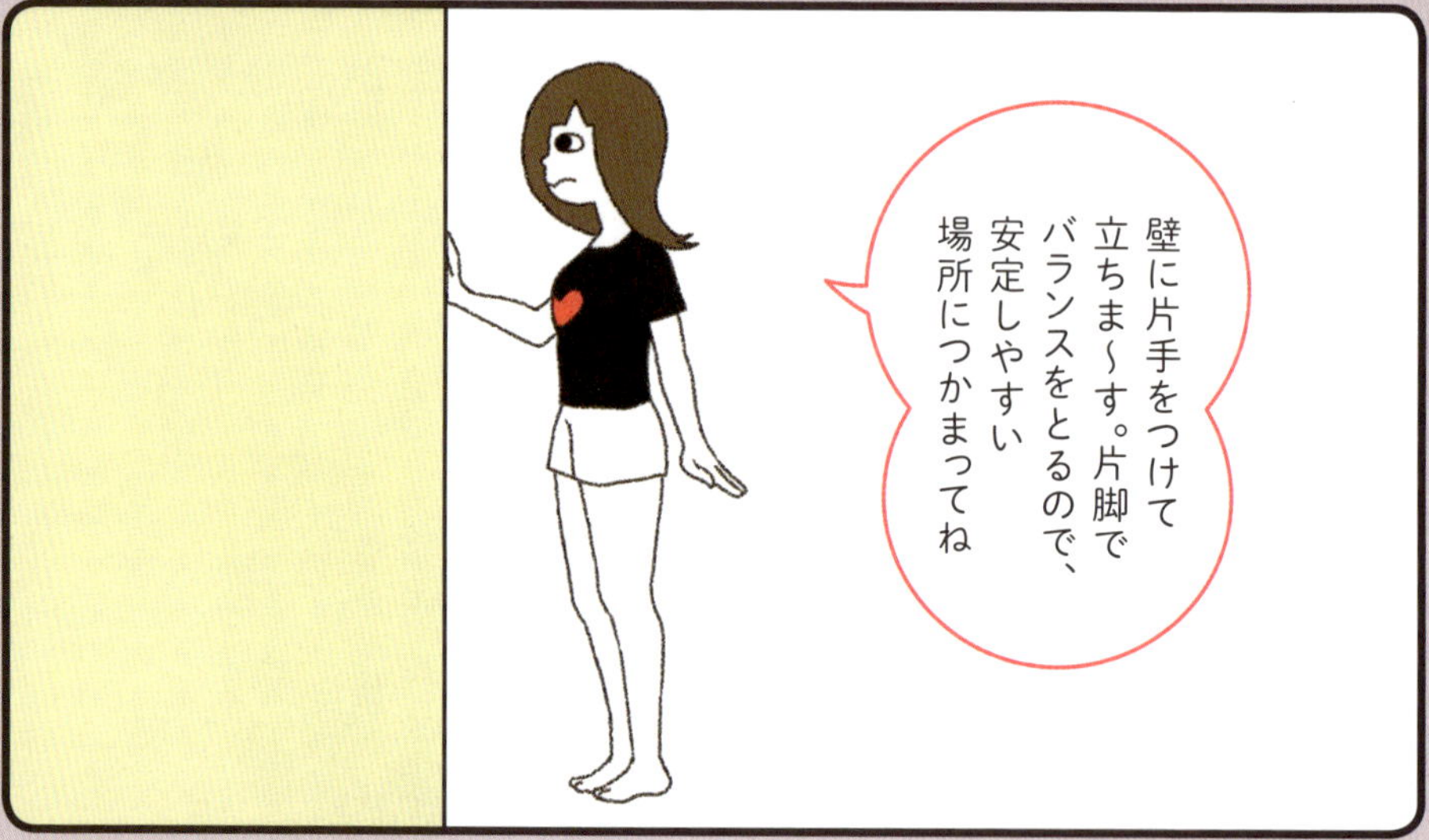
壁に片手をつけて
立ちま～す。片脚で
バランスをとるので、
安定しやすい
場所につかまってね

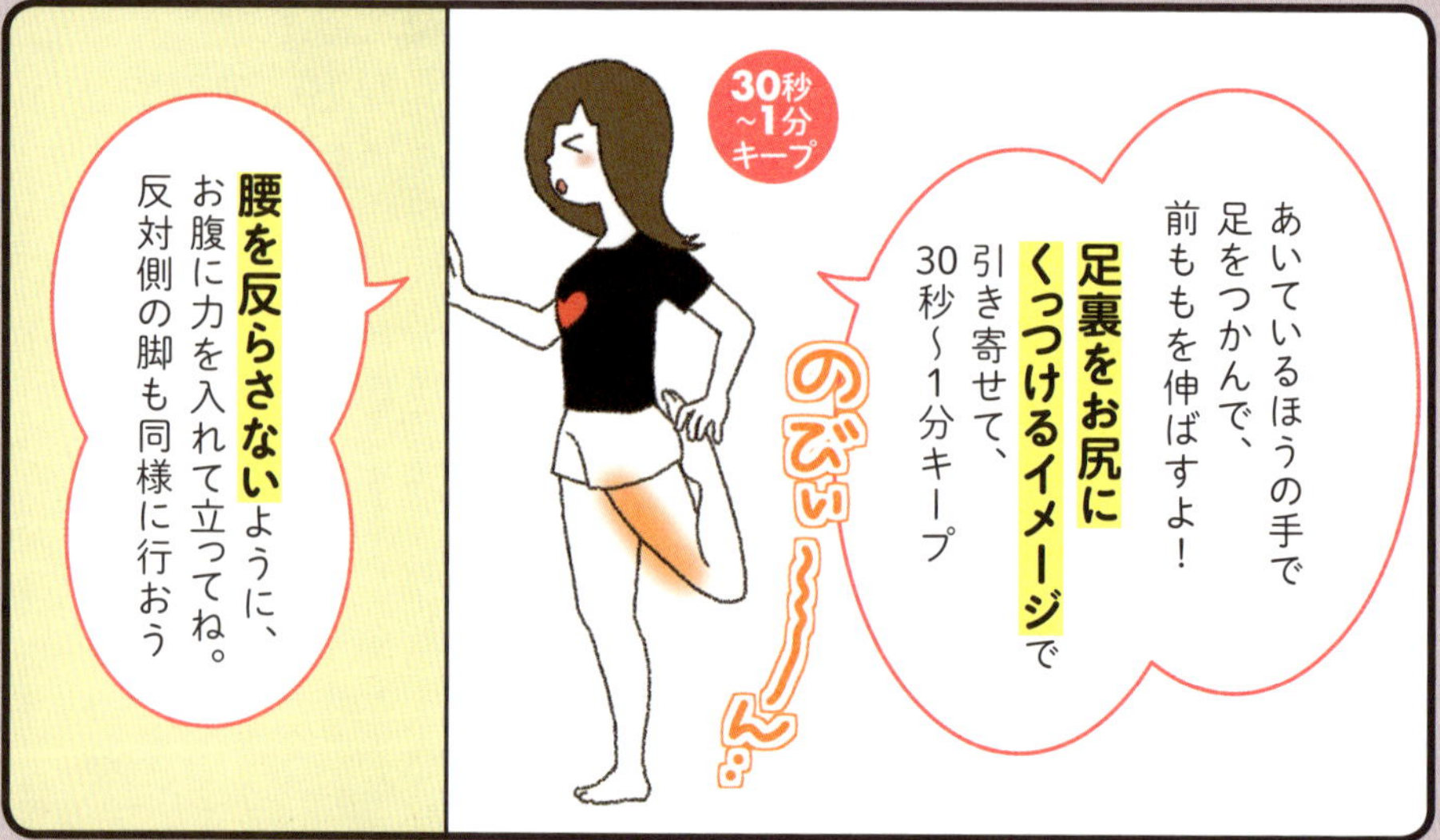
30秒～1分キープ
あいているほうの手で
足をつかんで、
前ももを伸ばすよ！
足裏をお尻に
くっつけるイメージで
引き寄せて、
30秒～1分キープ
のびぃ～～～ん..
腰を反らさないように、
お腹に力を入れて立ってね。
反対側の脚も同様に行おう

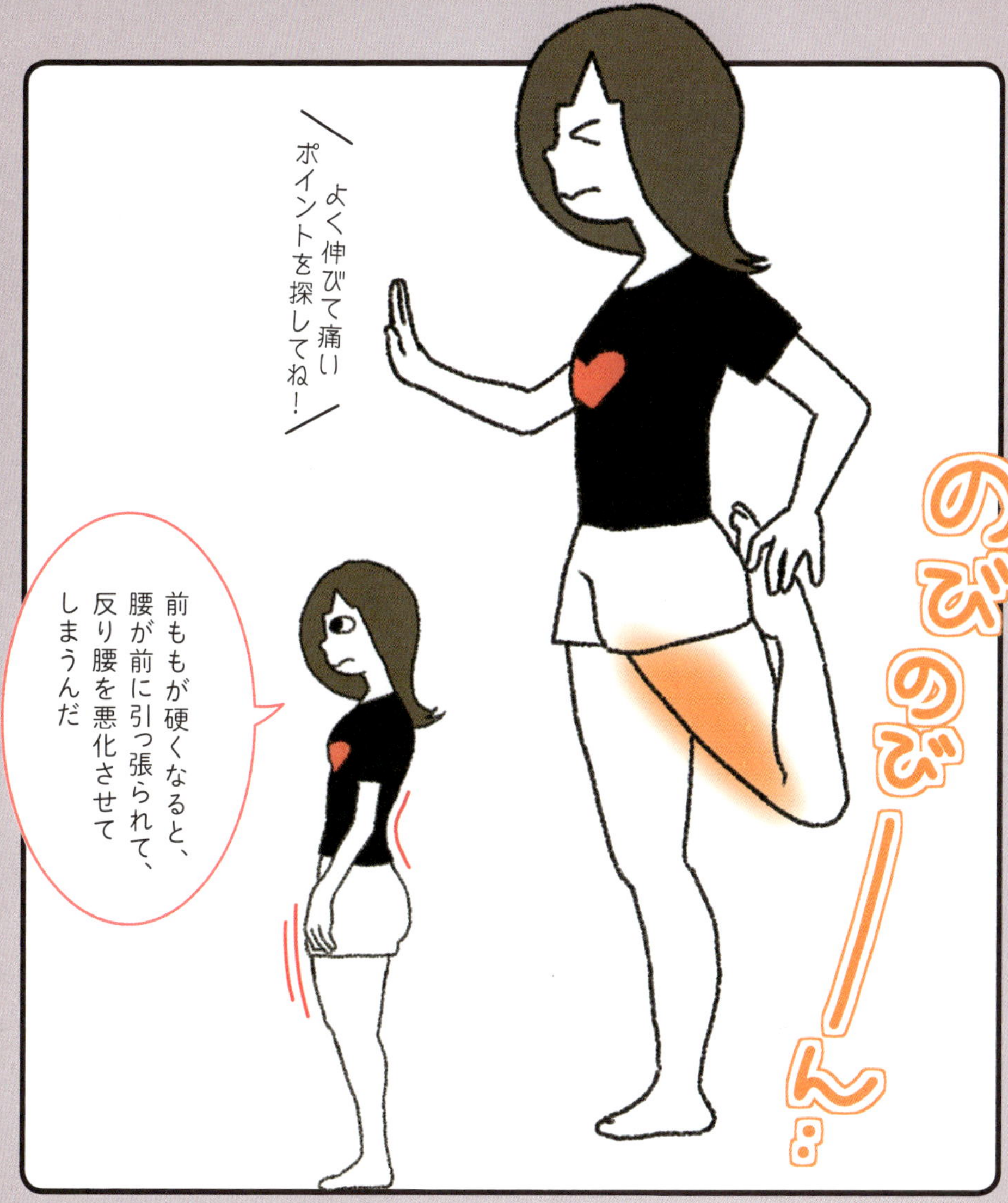

硬くて張りやすい前ももの筋肉を伸ばすストレッチです。
ももの前側ばかりが肥大化すると、裏ももの筋肉の使用頻度が減り、たるんでしまいます。
しかも、腰が前に引っ張られて、反り腰の姿勢を悪化させることも！　それにつられてお腹も出て、お尻もたるんでしまいます。1日3回くらい伸ばすと、だんだんと脚が細くなりますよ。

こんな人にオススメ！

- 前ももが張っている
- 裏ももがたるんでいる
- 反り腰に悩んでいる

ふくらはぎ

しっかり伸ばして
ふくらはぎを細く！

壁に両手をつけて
立ちま〜す。
両手でしっかりと
体を支えられるように、
平らで安定した
壁に手をつけてね

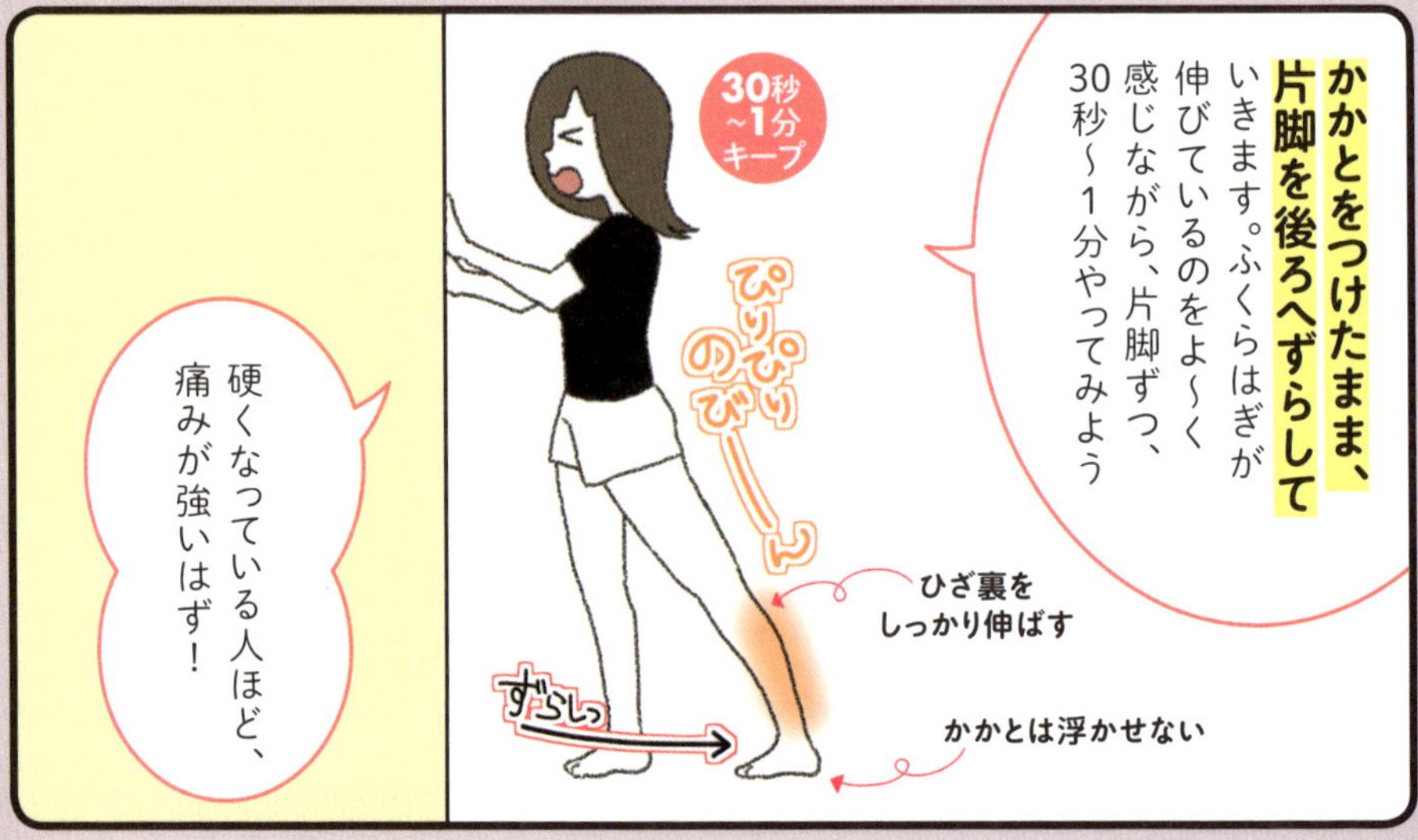
かかとをつけたまま、
片脚を後ろへずらして
いきます。ふくらはぎが
伸びているのをよ〜く
感じながら、片脚ずつ、
30秒〜1分やってみよう
30秒〜1分キープ
ぴりぴり
のびーーん
ひざ裏をしっかり伸ばす
かかとは浮かせない
ずらしっ
硬くなっている人ほど、
痛みが強いはず！

ふくらはぎの筋肉は、重心のかけ方や歩き方などの癖で、硬くなりやすいところ。鍛えているつもりがないのにムキムキ…という人は、普段の癖が原因かも。しかも、ふくらはぎが硬いと、お尻の筋肉がうまく使えなくて、垂れ尻になる恐れも！　お尻のトレーニングと合わせて、ふくらはぎも伸ばしてスラリとした脚を手に入れよう。私も、１日３回このストレッチをしています。

こんな人にオススメ！

- 太い脚を細く見せたい
- 脚の疲れが溜まっている
- 脚がむくみやすい
- ヒールの靴でよく歩く

お腹《なか》の横《よこ》

美しいくびれを作る♪

背筋をぴんと伸ばして、お腹に力を入れます。立っても、座っても、どちらでもＯＫ！

片腕をバンザイして、上体を横に傾けていきます。傾けるほど、脇腹がじわじわと伸ばされていくよ！
のびぃーー〜ん
じんわり〜♪
反対側も同様にね
伸ばす時間は自由!

のびのびじわぁ〜〜〜ん…
真横だけでなく、
斜め前や斜め後ろなど
角度を少し変えると、
また違う場所が伸びるよ
気持ちのいい
エリアを
試してみてね！
角度を変えてみて！

脇腹にある筋肉は、なかなか動かす機会がなく、いつの間にか硬くなってしまいがち。腰の動きも悪くなって、腰痛を引き起こす原因にもなります。肋骨と骨盤の間を引き離すような動きをするので、くびれを作るのにも効果的です。くびれに左右差がある人は、くびれていないほうの脇腹を特にじっくり伸ばしてみて。左右の筋肉（腹斜筋）の強弱バランスを整えられます。

こんな人にオススメ！

- きれいなくびれを作りたい
- 左右のくびれに差がある
- 腰痛を改善したい

内転筋《ないてんきん》

**ワイドスクワット
がやりにくい人へ!**

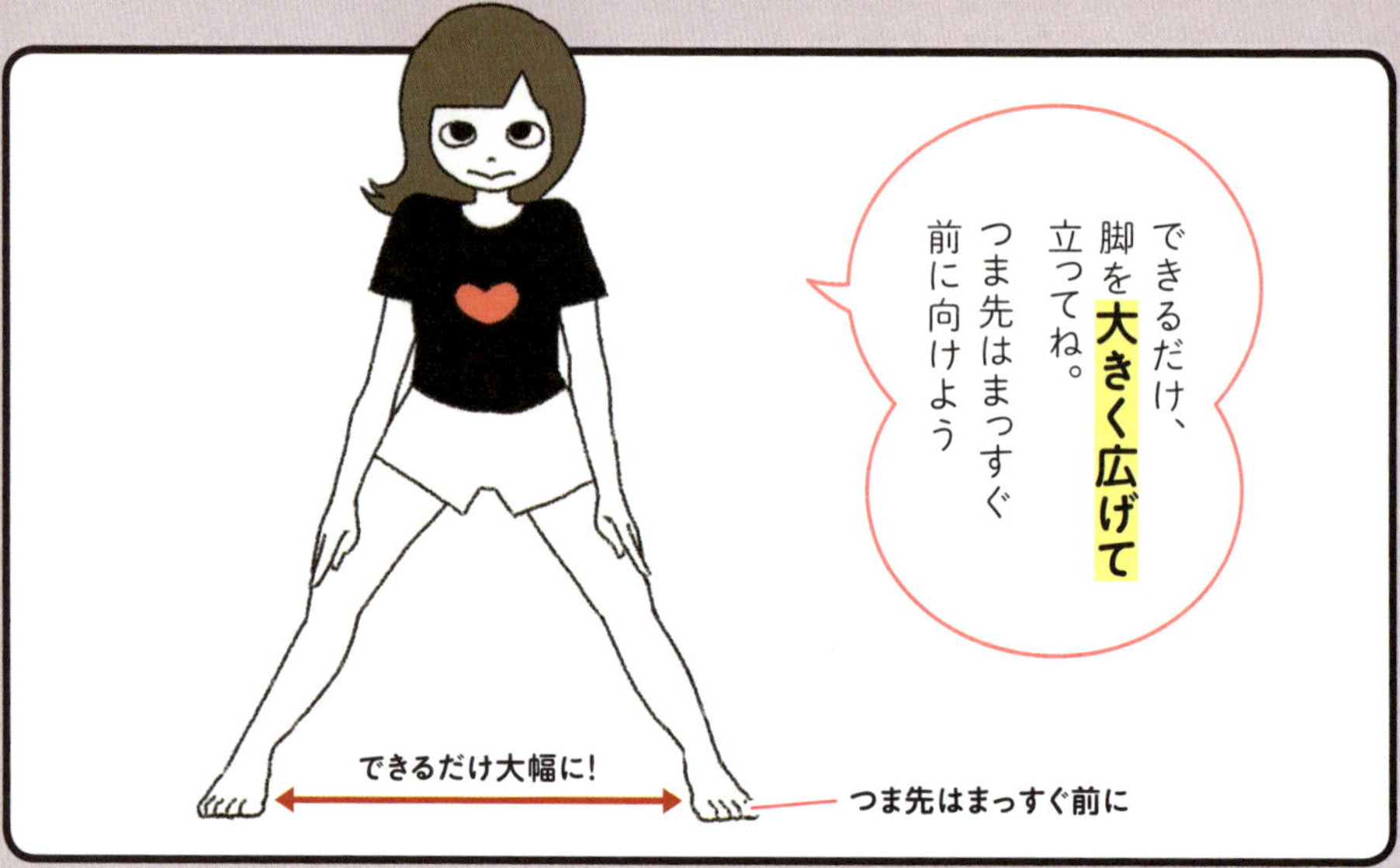
できるだけ、
脚を大きく広げて
立ってね。
つま先はまっすぐ
前に向けよう
できるだけ大幅に!
つま先はまっすぐ前に

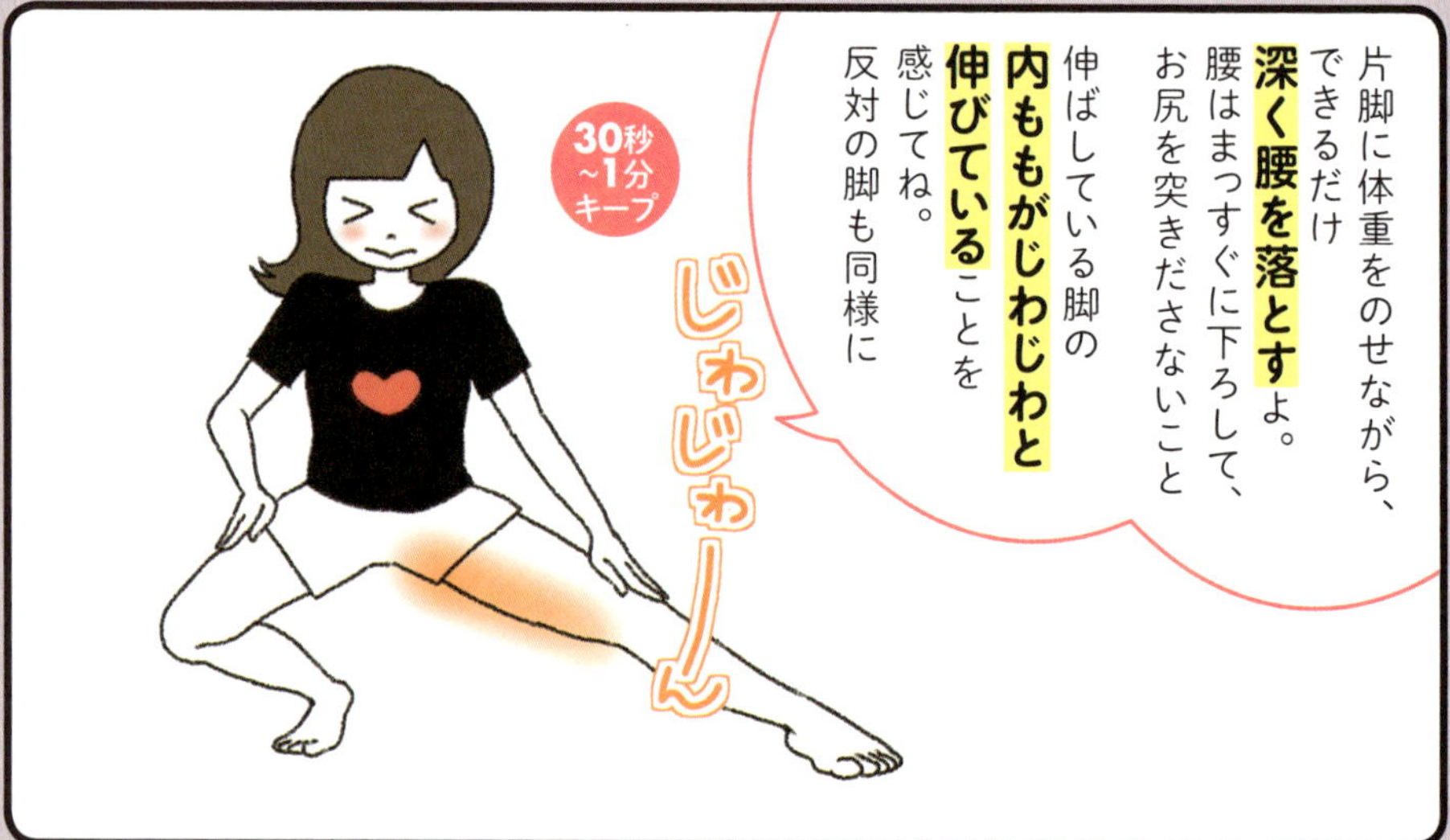
片脚に体重をのせながら、
できるだけ
深く腰を落とすよ。
腰はまっすぐに下ろして、
お尻を突きださないこと
伸ばしている脚の
内ももがじわじわと
伸びていることを
感じてね。
反対の脚も同様に
30秒~1分キープ
じわじゎーん

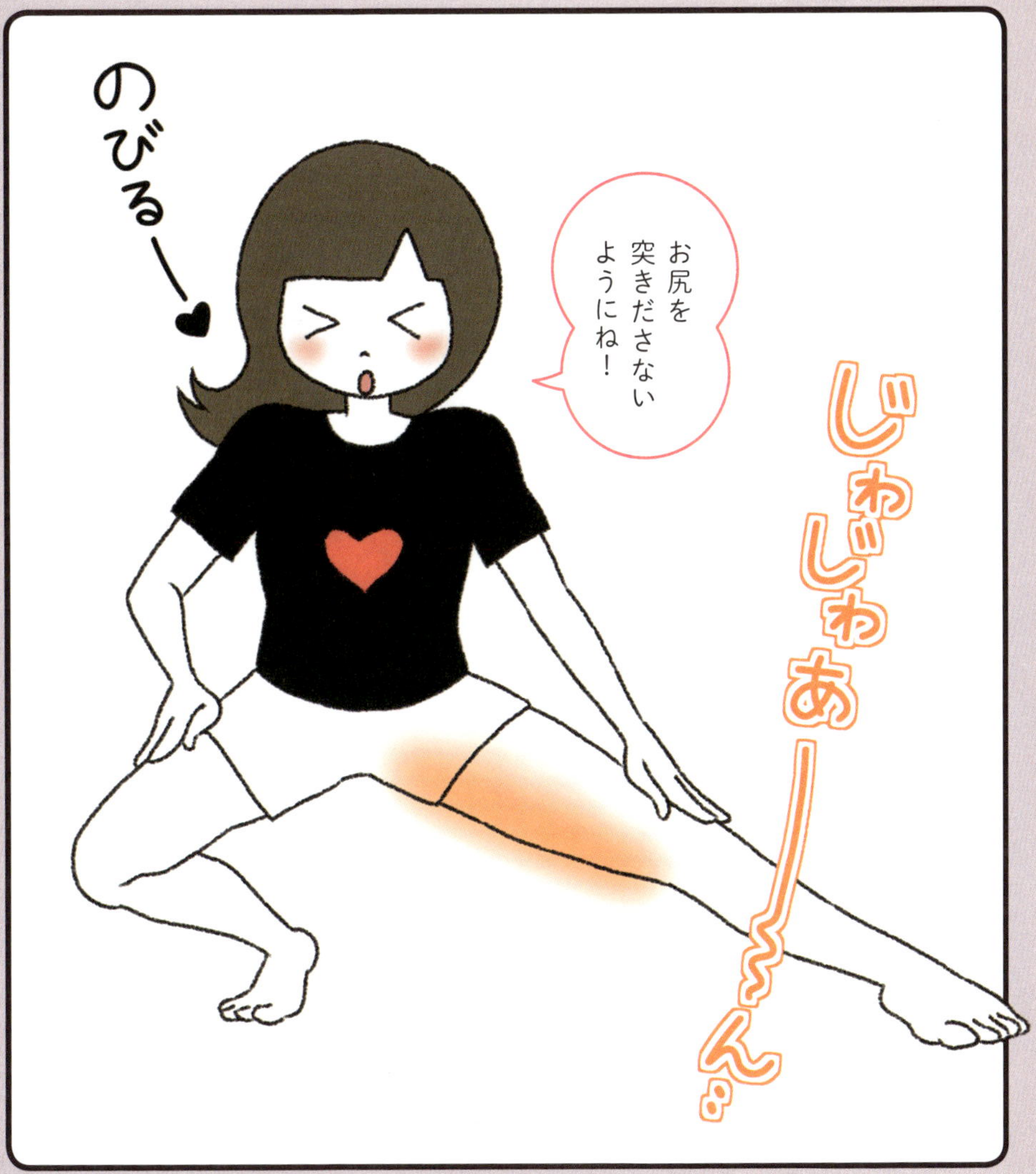

P20のワイドスクワットのとき、ひざが内側に入ってしまう人は、体が硬い証拠。このストレッチで、内転筋の柔軟性をじっくり高めてからトレーニングしてみてね。
さらに、内ももの筋肉は股関節につながっています。股関節の柔軟性が高まると、歩き方がきれいになるメリットも！　まっすぐできれいな脚を作るのにも役立ちます。

背筋《はいきん》

**腹筋運動をすると
背中が痛くなる人へ!**

腹筋の筋トレをする前に、背中のストレッチをしておこう! まずは胸の前で両手を組んでね

ひじを伸ばしながら、両手をぐ~っと前に押しだすことで、背中を丸めていくよ!
じわわーーん
背中に空気を入れるイメージで、す~っと息を吐きながら、両手を遠くへ伸ばしてね
伸ばす時間は自由!

腹筋の筋トレをするとき、背中が痛くなってしまう人は、まずこれで背中の柔軟性を高めよう。
背中が痛くなるのは、背筋が硬くなっているから! 腹筋運動で背中を丸めるとき、硬くなった背筋が無理やり伸ばされて、痛くなってしまうんだ。それだと腹筋のトレーニングがちゃんとできなくて、もったいないよ。背中の筋肉が広がるのを感じられて、よ〜くほぐれます。

教えて

愛ちゃん♥ 筋トレ1年生の素朴な疑問集

回数や筋肉痛、呼吸の仕方、生理中のトレーニングなど、筋トレの疑問を解決。もっとトレーニングを楽しめます。

Q 筋力が弱いうちは、目標回数に達しなくてもいい？

A 正しいフォームが一番大事だから、小分けでもOK

疲れてくると、お腹に力が入らなくなったり、腰が反ったりしてフォームが崩れがち。そうすると、狙った部位に効かせられなくなって、回数を重ねても無駄になっちゃう！　本書にのせた目標回数はあくまで目安。**大切なのは、回数は少なくても正しいフォームでやること**で「あ、ここに効いてる！」と実感することです。だから最初は無理をしなくてOK！

Q 筋トレは同じ部位を毎日やらないほうがいいって本当？

A あえて数日休むことで、強く大きな筋肉に

筋肉を大きくするには、あえて休ませることも必要。トレーニングで傷ついた筋肉は、数日のお休み期間に修復され、強く大きくなっていくのです。だから、毎日同じ部位を続けるよりも、**数日おきでメニューを組んだほうが効果的**！　P90の「1週間プログラム」例も参考にしてね。ちなみに、腹筋だけは回復速度が速いので、ほかの部位と違って毎日やってもOK！

Q まったく時間がとれなくて…最低でも「これだけはやるべき！」って種目はある？

A パーツごとのおすすめ種目はこちら！

お腹

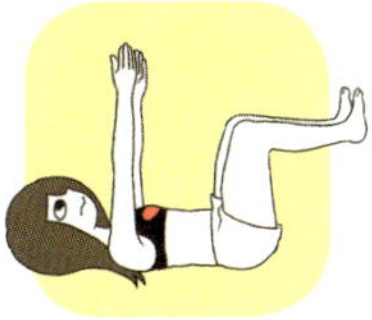

デッドバグ

お尻&脚

ワイドスクワット

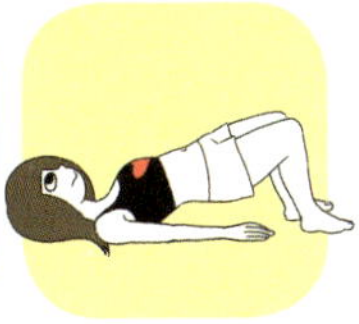

ヒップリフト

胸&腕

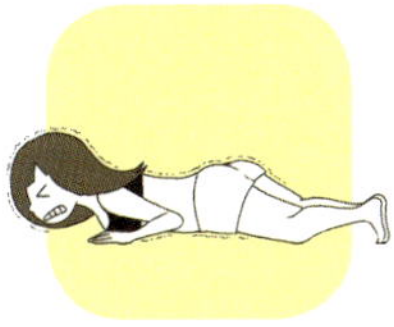

ワイドプッシュアップ

背中

ダンベルベント
オーバーロウ

タオルローイング

肩

サイドレイズ

※肩は筋肉をつけたい人だけお好みで！

Q 筋肉痛があるときは、筋トレをお休みしたほうがいい？

A 基本はお休み。腹筋だけは続けてOK

筋肉痛があるパーツは、トレーニングをお休みして。筋トレは同じパーツを毎日やらないほうが効果的なので、筋肉痛のあるところを連続してトレーニングすることは少ないはず。気にならない程度の筋肉痛なら、**腹筋だけは続けてOK**。

Q 筋トレって、どうして限界まで追い込まないといけないの？

A 追い込むことで、効率よく筋肉を刺激できます

筋トレは追い込みが大事。強化したい筋肉を**限界まで追い込んだほうが、筋肉をしっかり刺激できるので、育ちやすくなる**んです。本書でも、追い込んだほうが効果的な部位に関しては「シメトレ」を紹介しているので頑張ってみて！

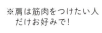

Q トレーニングに飽きたら、部位をまたいでバラバラにやってもいい？

A またぐのはダメ～!! 部位ごとにまとめて行おう

たとえば「内転筋の筋トレ中に疲れてきたから、気分転換に背中を鍛えた後、また内転筋に戻る」というように、**部位をまたいでメニューを組むと効果半減**。適度なインターバルは必要ですが、部位をまたぐほど長く休ませると筋肉は「お休みモード」に入ってしまい、せっかく燃やしていたのにイチからやり直しになってしまいます。

Q 複数の部位を行うとき、守るべき順番はある？

A 腹筋が疲れ果てるともったいないので、腹筋は必ず最後に

どの部位の筋トレでも、腹筋は必ず使う筋肉です。正しいフォームを守るために、お腹に力を入れる必要があるので、お腹以外の部位をトレーニングしているときも、自然と腹筋は鍛えられます。だから、**腹筋が疲れた状態でやると、ほかの部位を正しく鍛えにくくなる**ことに！　疲れすぎないように、腹筋の筋トレだけは必ず最後に回して。

Q 筋トレ中、呼吸をするタイミングがうまくつかめない…

A タイミングは気にしすぎず、自然な呼吸で

確かに呼吸は大切ですが「このタイミングで息を吸って、このタイミングで吐いて」と意識しすぎて、正しいフォームがおろそかになるのはNG。狙っている部位に正しく効かせるために、正しいフォームが最優先。**呼吸に意識を向けすぎず、自然に息をしてOK**です。

Q 生理中も筋トレってやっていいもの？

A もちろんOK! ただし無理はしちゃダメ

フォロワーさんからよく寄せられるのが、この質問。生理中でも、もちろん普段通りの筋トレメニューをこなしてOKです。ただ、量が多かったり、お腹が痛かったりと、いつもとは明らかに**コンディションが違う場合は、無理しないで**。毎日継続派の人でも、生理の週だけは数日お休みをとって続けるプログラムを組むといいかも。

Q 筋トレでやせにくい…やっぱり1日のカロリーは抑えるべき？

A 成人女性なら、1日1200kcalは必ず摂取して

私も「食べないダイエット」をした経験があるからこそわかります。ダイエット中でもちゃんと食べないとダメ！　減量期でも1200kcalは摂取してほしい。そうすれば、**不健康なやせ方にはなりません**。通常でも、日常的に筋トレをしている人なら、1600～1800kcalくらいとっても太りにくくなっているはず。

Q 私のウエスト、左右にくびれ差があるんですけど、どうしたらいい？

A 筋トレ前にお腹の横をよ～くストレッチして

普段の動きの癖で、人の体は左右対称にはなりにくいもの。**筋肉のつき具合も、左右で変わってきます**。ウエストのくびれ差は、片側が硬くなっている可能性があるので、筋トレ前にお腹の横のストレッチ（P116）を取り入れてみて。あとは、ツイストシットアップ（P94）で、気になる側の回数を増やしてみるのもオススメ。

おわりに

本書を最後まで読んでくださり、ありがとうございました。

私がボディメイクに目覚めたのは、お付き合いを始めた彼の隣を、自信を持って堂々と歩けるようになりたい！…と思ったことがきっかけです。

それまでは、鏡を見て落ち込む自分。どうせダイエットは続かない…と、どこかで諦めて言い訳ばかりしている自分。そんな自分ばかりがいました。

そんな私でも筋トレを「続ける」ことができたのは、大きな理由があります。

すごく単純ですが、筋トレを始めてすぐに「私も絶対にカッコよくてセクシーなボディを手に入れてやるんだ！」とスイッチが入ってしまったんですね。

実はこの「やる気スイッチ」が入る効果こそ、筋トレの最大の魅力だと思っています。

それまで、体重を落とすだけのダイエットは、まったく続きませんでしたが、毎日少しずつ、でも確実に成長を実感できる筋トレは、飽き性の私でも楽しく感じることができました。10分あれば家で簡単にできるから、続けるためのハードルがすごく低いのも魅力です。

そして、日々夢中になってトレーニングするうちに、人に自慢したくなるような体を手に入れることができ、自信が持てるようになったのです。

周りの人からも「やせてきれいになったね」「細いからスキニーが似合うね」と褒められたり、さらには多数のメディア様から声をかけて頂けるまでになり、改めてボディメイクの素晴らしさを実感しました。

今ではもう鏡を見て落ち込むこともなくなって、洋服選びもすごく楽しいです。

ボディメイクには毎日をキラキラと輝かせる力が、確かにあります。

今、世界的にボディメイクやフィットネスが大流行しています。

近い将来、ただ細いだけではない、〝鍛えられた肉体美〟と呼ばれるようなスタイルが、アジア圏でも、もっと注目されることになると思います。

この感動を、たくさんの女性に知ってもらいたい。

たくさんの女性の〝きれい〟のお手伝いがしたい。

たくさんの女性が、自分のことを愛せるようになってほしい。

この本には、そんな願いが込められています。

大丈夫です。この本を手にとってくださったあなたは絶対に変われます。

私だって、変わることができたんですから。

とがわ愛

著者
とがわ愛（とがわ・あい）
1993年生まれ。根っからのインドア派。ダイエットも続かなかったが、筋トレに目覚め、5ヶ月で10kgのダイエットに成功。ボディメイクの楽しさを知り、Twitterでそのメソッドを発信したところ、わかりやすいイラスト解説で瞬く間に9万フォロワーを超える人気に。姿勢や筋肉のことを調べるのが趣味。
Twitter @togawa_ai
Instagram @togawa_ai

監修
順天堂大学医学部教授
坂井建雄（さかい・たつお）
1953年生まれ。1978年東京大学卒。同年東京大学解剖学教室助手、1984年ハイデルベルク大学解剖研究室に留学、1986年東京大学助教授、1990年順天堂大学教授。解剖学の教育、腎と血管系の細胞生物学、献体と人体解剖、解剖学史と医学史の研究と執筆に携わっている。

ブックデザイン　東京100ミリバールスタジオ
撮影　大川晋児
DTP　東京カラーフォト・プロセス株式会社
原稿・編集協力　富永明子
編集　間有希

はじめてのやせ筋《きん》トレ

2019年1月11日　初版発行
2019年12月20日　15版発行

著者　とがわ 愛《あい》
発行者　川金 正法
発行　株式会社KADOKAWA
〒102-8177
東京都千代田区富士見2-13-3
電話　0570-002-301（ナビダイヤル）
印刷所　凸版印刷株式会社

KADOKAWA カスタマーサポート
【電話】0570-002-301（土日祝日を除く11～13時、14～17時）
［WEB］https://www.kadokawa.co.jp/ （「お問い合わせ」へお進みください）
※製造不良品につきましては上記窓口にて承ります。
※記述・収録内容を超えるご質問にはお答えできない場合があります。
※サポートは日本国内に限らせていただきます。
定価はカバーに表示してあります。

ISBN978-4-04-896415-9　C0077